# 2008
# 中国金融市场发展报告

中国人民银行上海总部
《中国金融市场发展报告》编写组

中国金融出版社

责任编辑：吕冠华
责任校对：潘　洁
责任印制：裴　刚

**图书在版编目（CIP）数据**

2008中国金融市场发展报告(2008 Zhongguo Jinrong Shichang Fazhan baogao)/中国人民银行上海总部《中国金融市场发展报告》编写组编.—北京：中国金融出版社，2009.4
ISBN 978-7-5049-5043-7

Ⅰ.2…　Ⅱ.中…　Ⅲ.金融市场-研究报告-中国-2008　Ⅳ.F832.5

中国版本图书馆CIP数据核字(2009)第060386号

出版
发行　中国金融出版社
社址　北京市广安门外小红庙南里3号
市场开发部　(010)63272190，66070804(传真)
网上书店　http://www.chinafph.com　(010)63286832，63365686(传真)
读者服务部　(010)66070833，82672183
邮编　100055
经销　新华书店
印刷　北京汇元统一印刷有限公司
尺寸　210毫米×285毫米
印张　9.25
字数　196千
版次　2009年4月第1版
印次　2009年4月第1次印刷
定价　98.00元
ISBN 978-7-5049-5043-7/F·4603

# Committee 编写委员会

2008中国金融市场发展报告
CHINA FINANCIAL MARKET DEVELOPMENT REPORT 2008

**主　　任：**马德伦

**副主任：**穆怀朋　　周荣芳　　王欣欣

**成员（按姓氏笔画排序）：**

白伟群　　刘明志　　许　诺　　吴方伟　　时文朝　　祁国中
祁　斌　　沈炳熙　　宋钰勤　　应俊惠　　罗　扬　　凌　涛
莫泰山　　裴传智　　霍颖励

**执笔并统稿：**

陈晓虹　　袁沁敔　　叶可松　　朱永行　　刘　彦　　徐苏江
颜永嘉

**其他执笔人（按姓氏笔画排序）：**

王世俊　　毛　焱　　卢向前　　刘　肯　　闫晓梅　　李　蓉
汪贤星　　汪办兴　　余洁雅　　吴　鸣　　宋　诚　　杨　婕
张爱农　　张　昀　　陈江伟　　邱冠华　　周文斌　　周庆武
金艳平　　竺小龙　　荣艺华　　胡迎春　　郭　夂　　姬　明
梁　恒　　黄凌燕　　董　乐　　曾令美　　曾梓梁　　谢　斌
蒋瑛琨　　蒋健蓉　　鲍建平　　雷小冰　　雷　雯　　熊志勇
谭　慧

# Contents 目录

2008中国金融市场发展报告
CHINA FINANCIAL MARKET DEVELOPMENT REPORT 2008

# 第一章 总 论

2008年以来，世界经济金融形势复杂多变，美国次贷危机所引发的国际金融危机引起全球金融市场剧烈动荡，其影响仍在扩大，国内的经济社会发展也接连经历了自然灾害等重大挑战与考验。在复杂的国际、国内环境下，党中央、国务院及时调整宏观调控政策，出台有力措施，扩大国内需求，我国国民经济仍然保持平稳较快增长，金融运行保持稳定。在此条件下，金融市场也整体保持了健康快速的发展势头，为我国经济应对外部冲击的不利影响提供了有力支撑，在今后一段时期内，我国金融市场仍将在机遇与挑战并存的环境下获得进一步的发展。

## 一、我国金融市场发展的宏观环境分析

### （一）国际环境的不稳定性增加

**1. 国际金融危机对全球金融业产生深远影响**

一是大型国际化金融机构资产损失巨大，金融体系和金融业务发生重大调整。根据国际货币基金组织2008年10月的估计，全球金融部门在危机中的损失预计将达到1.4万亿美元。一些在金融领域极具影响力的大型金融机构深陷财务困境，或被银行机构收购，或接受政府注资。二是国际金融秩序面临调整。由于受本轮国际金融危机的影响较大，美欧等国主导世界经济、金融事务的能力相对下降，而新兴市场经济体和发展中国家由于仍然保持了较高的经济增长率，经济实力相对提高，从而促使国际社会酝酿整顿金融秩序，扩大新兴市场经济体和发展中国家在国际经济与金融秩序中的话语权。

**2. 全球经济增速放缓**

一是三大主要经济体均陷入衰退。由于受到国际金融危机导致的消费支出大幅下滑、企业投资减少、出口拉动作用减弱、房地产市场持续低迷等因素的影响，美国2008年GDP季节调整后环比折年率从第二季度的2.8%下降至第四季度的-3.8%；失业率攀升至12月的7.2%，创16年来的新高；CPI同比从7月的18年来的高点5.6%快速回落至12月的0.1%。欧元区2008年第一季度至第四季度GDP同比增长分别为2.1%、1.4%、0.6%和-1.2%；失业率从6月的7.4%持续攀升至12月的8.0%；综合消费价格指数（HICP）同比增长从7月的4.0%的历史高点快速回落至12月的1.6%，低于欧洲中央银行2%的通货膨胀目标水平。日本2008年的GDP季节调整后环比折年率从第一季度的0.6%转为第二季度、第三季度的-3.6%和-2.3%，第四季度更大幅降至-12.7%，降幅为35年来的最高；失业率从年初的3.8%升至12月的4.4%；CPI同比增长从7月的10年来的高点2.3%快速下降至12月的0.4%。二是新兴市场经济体和发展中国家经济增速出现拐点，整体放缓。上半年，在全球能源和粮食价格上涨、资本流入、内需旺盛等因素影响下，多数新兴市场经济体均存在一定程度的经济过热现象，并频繁

小幅加息以保持经济平稳增长。下半年，受美国次贷危机演变成为全球金融危机的影响，多数新兴市场经济体的出口明显放缓、工业增长减速、经济增速放缓。

**3. 国际金融市场大幅波动**

在国际金融危机的影响下，全球经济增速放缓，各国政府频繁出台经济调控政策，以防止或克服经济衰退；投资者对全球经济增长及金融市场变化的预期也很不确定，共同导致国际金融市场大幅波动。一是主要汇率宽幅振荡。年初，美元相对欧元、日元等主要货币快速贬值。后随着金融机构大幅降低杠杆率，大量美元风险资产被变现，加之金融危机向欧洲和全球蔓延使得美元避险需求上升，美元持续走强，NYMEX 美元指数年末报收于 81.151，较上年年末上升 5.8%；日元则受各国大幅降息导致利差交易平仓和境外资金回流等影响，年内振荡走高，美元兑日元年末收于 90.60 日元/美元，创 16 年来的新高。二是国际金融市场利率波动下行。上半年受金融危机和美联储停止减息预期等因素影响，1 年期美元 Libor 大幅下降后有所回升，下半年受美联储连续降息和大量供给流动性的影响，1 年期美元 Libor 在 10 月 9 日达到全年峰值 4.23% 后急剧下行，12 月 31 日降至全年最低点 2.00%，比年初下降 2.23 个百分点。其他主要国际金融市场利率也呈现出同样特征。三是国际主要债券收益率波动下行。年初，主要债券收益率大幅走低，后从 3 月末起快速回升，6 月再度小幅回落。9 月雷曼兄弟公司破产后，市场避险需求上升，大量资金涌入债市，加上各国中央银行频繁降息，推动主要国债收益率快速走低。年末，美国、欧元区和日本的 10 年期国债收益率分别收于 2.061%、2.944% 和 1.168%，较年初分别下跌 2.026 个、1.398 个和 0.334 个百分点。四是全球主要股市振荡下跌。受金融危机影响，全球主要股市年初以来振荡下跌，9 月后，随着金融危机加剧，主要股市加速下行。年末，道琼斯工业平均指数、纳斯达克指数、道琼斯欧元区 STOXX50 指数和日经 225 指数分别收于 8 776.4 点、1 577.0 点、2 451.5 点和 8 859.6 点，较年初分别下跌 33.8%、40.5%、44.3% 和 42.1%。五是主要商品期货价格升至历史高点后大幅下挫。2008 年上半年，受美元贬值、避险资金流入、大宗商品需求旺盛等因素影响，国际商品期货价格大幅走高，不断刷新纪录高点。进入下半年，美国金融危机的扩散导致世界经济增长前景极度暗淡，国际商品期货价格大幅下跌，接近阶段低点或历史低点。

国际金融危机充分体现了在全球一体化的今天，金融风险跨行业、跨市场以及跨境传播的特性。当前，国际金融危机仍未结束，还在对我国金融市场产生冲击和影响。直接影响方面，一是随着我国期货市场与国际市场联动性进一步增强，国际期货市场的大幅波动直接导致我国相关期货产品跟随波动；二是在金融危机的影响下，企业订单减少、外部市场需求萎缩，原材料价格波动幅度的加大增大了成本控制的难度，从而导致工业利润增长率下降，导致消费者和投资者的信心减弱，在某种程度上影响股票等市场信心的恢复。间接影响方面，一是受国际金融危机的影响，全球经济面临的风险和不确定性仍然在上升，世界各国纷纷采取降息、注资、财政补贴等经济、金融政策来防止或克服经济衰退，会改变国际金融市场的资金供求关系，从而影响到我国金融市场的资金供求关系，增加我国金融市场发展的不确定性。二是为应对国际金融危机下的金融风险，全球金融资本市场的“去杠杆化”进程的加速，不仅将给发达国家的金融市场带来新一轮的剧烈调整，也可能引发资金大规模撤出新兴市场经济体。若在中国的各种境外资金由流入转为流出，有可能导致我国股票市场和债券市场出现较大幅度的调整。

我们要正确把握和评估世界经济金融走势对我国经济和金融市场的影响，加大金融市场监测分析力度。进一步强化金融市场基础性制度建设，积极防范系统性金融风险。同时，也应该看到，这次国际金融危机为我国金融市场的发展提供了宝贵的经验教训，在一定程度上检验了我国金融市场承受压力的能力，金融机构和投资者都接受了风险的洗礼与教育，为今后金融市场的发展积累了一些宝贵的经验，如这次国际金融危机使我们充分认识到推动市场发展中的风险防范问题，国内金融监管机构需要不断提高监管能力去适应金融创新的发展，金融产品创新必须能贴近和服务于实体经济等，这些认识将进一步促进我国金融市场的平稳、健康发展。

## （二）金融市场发展的国内环境总体平稳

2008年，我国发生了雨雪冰冻和汶川地震两场突如其来的特大自然灾害，经历了全球经济和金融市场急剧动荡的巨大冲击，经济增长下行的压力明显加大。针对国内外经济形势的变化，我国围绕扩大内需及时调整了宏观经济政策取向，因此，经济增长虽然有所放缓，但总体上仍保持了平稳较快发展，为金融市场发展提供了较为平稳的国内环境。

### 1. 宏观调控政策适时调整

年初，为防止经济增长由偏快转向过热和防止物价由结构性上涨转变为明显的通货膨胀，宏观调控政策总体从紧；年中，在国际能源和粮食价格处于高位、世界经济增长放缓的情况下，针对沿海地区出现出口和经济增速下滑的苗头，及时把宏观调控的首要任务调整为“保持经济平稳较快发展，控制物价过快上涨”，并采取了一些有针对性的经济政策；9月以后，国际经济形势急转直下，对我国的不利影响明显加重，宏观调控政策的着力点迅速转到了防止经济增速过快下滑上来，实施积极的财政政策和适度宽松的货币政策，三次提高出口退税率、五次下调金融机构存贷款基准利率、四次下调存款准备金率，暂免储蓄存款利息个人所得税、下调证券交易印花税、降低住房交易税费、加大对中小企业信贷支持、迅速出台扩大国内需求的十项措施，并陆续制定和实施一系列促进经济发展的政策。综观全年，我国宏观调控政策着力点上半年和下半年差异明显，充分体现出货币政策、财政政策、产业政策等能及时根据宏观经济金融形势的发展变化作出调整，宏观调控的预见性、针对性和实效性进一步增强。总体来看，各项政策措施逐步发挥作用，全国人民齐心协力，使国民经济总体保持了增长较快、价格回稳、结构优化、民生改善的发展势头。

### 2. 国内宏观环境整体平稳

由于针对国际、国内形势的变化及时调整了相关政策，2008年，我国国民经济整体保持平稳较快发展。全年国内生产总值为30.07万亿元，比上年增长9.0%，增速比上年回落2.4个百分点；全年居民消费价格指数上涨5.9%，涨幅比上年提高1.1个百分点；全年进出口总额为25 616亿美元，比上年增长17.8%。其中，出口额为14 285亿美元，增长17.2%；进口额为11 331亿美元，增长18.5%。进出口相抵，贸易顺差为2 955亿美元，比上年增加328亿美元。全年实际使用外资金额为923.95亿美元，比上年增长23.6%。年末，国家外汇储备余额达到1.95万亿美元，比上年增长27.3%。

**3．金融运行保持平稳**

广义货币供应量M2增幅加快，银行体系流动性充足，金融机构人民币存贷款稳定增长。12月末，广义货币供应量余额为47.5万亿元，比上年年末增长17.8%，加快了1.1个百分点；狭义货币供应量(M1)余额为16.6万亿元，增长9.1%，回落了12.0个百分点。金融机构人民币各项贷款余额为30.34万亿元，比年初增加4.91万亿元，比上年多增1.28万亿元；各项存款余额为46.62万亿元，比年初增加7.69亿元，比上年多增2.30万亿元。全年货币净投放0.38万亿元，比上年多投放541亿元。

当前，国际金融危机仍在加深和蔓延，国际金融市场剧烈动荡，世界经济受到严重冲击，对我国经济的负面影响已经显现并日益明显，宏观调控将面临更加复杂多变的局面。宏观经济金融形势的发展变化将通过改变金融市场资金供求关系、影响市场发行主体的盈利能力、影响投资者的心理预期等方式影响金融市场资金的数量、流向与结构，从而会使我国金融市场中各个子市场之间的发展呈现差异。例如，上市公司盈利水平的下降制约和影响了股票市场进一步上升的动力和空间；债券市场中的企业债、公司债等也会因为企业的盈利水平不稳定而隐含一定的风险，需要引起密切关注。

但也要看到，我国仍处于工业化、城市化和产业结构升级的过程中，有广阔的国内市场、比较充裕的资金和素质不断提高的劳动力优势，金融体系稳健安全，我国经济发展具有抵御风险的能力和强劲的活力。当前的新形势对金融市场发展提出了更高的要求，将能够更好地促进我国金融市场的发展。一方面，国内经济的健康较快发展以及经济振兴计划的实现、扩大内需等各项政策的有效实施和传导，都需要通过发展金融市场，完善金融市场的投融资功能及政策传导功能来实现。不仅要发挥资本市场的融资功能，也要积极拓展资本市场在企业收购、兼并、重组方面的功能和作用。另一方面，国内金融市场波动性增强，原材料价格变动剧烈，投资者对金融市场的保值和避险需求更加强烈，要求金融市场为企业和金融机构提供更多的风险管理工具及融资工具，这些都有助于推动我国金融市场创新与深化，进一步提高我国金融市场抗击风险的能力。

## 二、2008年我国金融市场发展的主要特点

2008年，尽管国际、国内经济环境的不稳定性较强，我国金融市场仍然保持了快速的发展势头。金融市场总成交量继续增长，达到历史最高水平；金融风险加大，金融市场的规避风险功能充分发挥；市场参与主体规模扩大，投资者更趋多元化；市场制度建设稳步推进，确保了市场规范有序运行；交易产品和工具日益丰富，市场创新取得重要进展。

### （一）金融市场总体成交量持续增长，达到历史最高水平

在2007年快速扩张的基础上，2008年金融市场的规模继续大幅扩大。除股票市场以外，其他各子市场成交量同比均有较大增长。全年累计成交220.69万亿元(含同业拆借市场、债券市场、黄金市场、股票市场和期货市场)，同比增长38%，达到了历史最高水

平。其中，黄金市场和银行间债券市场现券交易的增长速度最快，交易额分别比上年同期增长174.38%和137.86%。金融市场规模的迅速壮大和拓展，推动了金融市场在我国经济金融体系中的地位进一步提升。

### （二）各市场间行情差异明显，融资规模均有所减少

由于9月以后，我国宏观调控政策渐趋宽松，但同时经济增长预期及上市公司盈利预期均有所下降，对不同市场产生了不同的影响，从而各市场的行情呈现明显差异。银行间债券指数大幅上扬，融资规模有所减少。银行间债券指数上半年走势平稳，7月有所下探，10月大幅攀升，之后升势趋缓，最后于年末收于122.25点，较年初上涨了10.57%。债券市场全年累计发行各类债券达7.02万亿元，较2007年减少了11%。股票指数大幅下跌，融资规模大幅减少。受到经济增长速度放缓及国际金融市场动荡等多重因素的影响，上证综指年跌幅为65.42%，年振幅为73.27%，深圳成指年跌幅为63.42%，年振幅为76.94%，沪、深两市A股平均市盈率分别由2007年年末的59倍和72倍下降为2008年年末的15倍和17倍。A股一级市场全年累计融资3 336亿元，同比下降56.8%。期货市场中除黄金期货外，其他都出现了较大幅度的回调，其中铜、铝、燃料油、大豆和棉花的主力合约价格分别下跌了51.8%、37.7%、36.6%、20.2%和20.3%。

### （三）金融风险加大，金融市场的规避风险功能充分发挥

2008年，由于国际经济金融形势发生动荡，国内经济金融形势的不确定加剧，市场风险、利率风险与汇率风险加大，各市场主体的风险规避需求加大。沪、深股票市场指数深度下跌，促使保险、基金等机构投资者加大了对债券市场的投资力度，债券市场充分发挥了“避风港”作用。期货市场上，投资者利用期货对冲机制进行套期保值和风险管理，期货市场功能得到逐步发挥；黄金等贵金属市场的避险功能进一步凸显，交易量呈现大幅跃升，上海黄金交易所黄金累计成交4 457.62吨，成交金额8 683.87亿元，同比分别增长143.84%和174.38%。在基础产品市场的不确定性因素显著增加、投资者对市场未来走向出现较大分歧的情况下，衍生产品交易空前活跃。债券远期全年累计成交5 002亿元，同比增长98.93%；利率互换累计成交4 122亿元，同比增长90.1%；人民币外汇掉期累计达成交易4 403亿美元，同比增长37.3%。股票市场大幅下跌，社会资金对票据类理财产品需求也较大，票据理财产品市场呈现供销两旺，2008年全年，纳入中央银行监测体系的主要商业银行累计发售7 799期理财产品，新募集资金约合2.3万亿元，较2007年增长了近两倍，规模超过其他类别理财产品的总和。

### （四）市场参与主体规模扩大，投资者更趋多元化

2008年，资产管理公司和汽车金融公司作为新的成员机构进入了同业拆借市场，截至2008年年末，银行间同业拆借市场参与者包括银行、证券公司、财务公司等多种类型机构投资者有788家，较2007年年末增加71家；银行间债券市场参与者有8 299家，比2007年年末增加了1 204家，形成了以做市商为核心、金融机构为主体、其他机构投资者共同参与的多层市场结构；股票市场中的机构投资者发展迅速，投资者结构有所改善，

机构投资者持有股票市值占比已接近50%。在机构投资者中，金融机构占比达到了65.31%，一般机构投资者占比为34.69%；上海黄金交易所会员已发展到162家，比2007年年末增加6家。会员代理的法人客户数达3 700户，较上年增长63.57%；个人客户开户数猛增至40.61万户，较2007年年末增长约5倍。国内期货市场上法人投资者的交易量和持有量分别占市场份额的12%和45%。金融市场层次更加丰富，运行效率进一步提高，成为各类市场主体进行投融资活动的重要平台。

### （五）金融市场制度建设稳步推进，保障市场规范有序运行

2008年，市场监管部门采取多项措施，加强市场监管，防范和处置市场风险，金融市场制度建设稳步推进。债券市场方面，国家发展改革委对企业债券发行核准程序进行改革，简化发行环节，为无担保信用债券发行提供了制度基础；4月9日，中国人民银行发布了《银行间债券市场非金融企业债务融资工具管理办法》，明确了由中国银行间市场交易商协会负责对债务融资工具进行注册，对债务融资工具的发行与交易实施自律管理。该办法突出了市场在金融资源配置中的基础性作用，标志着银行间债券市场管理方式上的重大转变。股票市场方面，进一步完善对证券公司的监管体系，发布了《证券公司监督管理条例》和《证券公司风险处置条例》。期货市场方面，管理层对市场异常波动给予了积极干预，各项风险防范措施应用得当，市场风险得到及时化解。票据市场方面，中国人民银行上海总部致力于票据市场制度建设，积极推动“长三角”金融市场融合与创新，在“长三角”地区正式推出商业承兑汇票转贴现交易标准合同文本，对全面推动票据市场交易标准化建设发挥了重要作用。

### （六）交易产品和工具日益丰富，市场创新取得重要进展

债券市场方面，经过两年的试点，2008年1月18日，中国人民银行发布《关于开展人民币利率互换有关事宜的通知》，将市场参与者从获准开办衍生产品交易业务的商业银行扩大至所有银行间市场成员，利率互换市场的准入门槛进一步降低。2008年4月15日，银行间债券市场推出创新性债务融资工具——中期票据，全年累计发行中期票据41只，共计1 737亿元，企业直接融资渠道进一步拓宽。股票市场方面，2008年9月5日，中国证监会就《上市公司股东发行可交换公司债券的规定（征求意见稿）》向社会公开征求意见。10月5日，中国证监会宣布将于近期正式启动证券公司融资融券业务试点工作。期货市场方面，2008年1月，上海期货交易所推出黄金期货交易，推动了我国黄金市场由单纯的现货市场向现货和衍生产品市场并存的市场格局迈进。大连商品交易所大豆和豆粕、豆油和棕榈油等活跃合约之间推出跨品种套利交易指令。另外，有关交易所基本完成了原油、钢材、稻谷、生丝、甲醇等品种的合约和规则制度的设计工作。

## 三、2009年金融市场发展应关注的几个方面

当前，金融市场发展正处于重要的机遇期，同时面临国际金融危机向实体经济逐渐蔓延、国内经济增长速度有所下降等外部环境变化带来的挑战。2009年，我们应按照科

学发展观的要求，从发展社会主义市场经济的内在客观要求出发，立足发展、推动创新、注重规范、统筹协调，以创新促发展、以制度防风险，坚持创新力度、发展速度和市场承受度的有机统一，规范市场运行机制和市场主体的行为，促进我国金融市场的全面、协调、可持续发展，不断满足经济社会日益增长的多样化金融需求，为扩大内需和促进经济增长创造更加良好的市场环境。

### （一）进一步明确金融市场的发展方向

发展是第一要务。我国金融市场体系起步较晚，与国际发达国家的金融市场相比尚存在较大差距，金融市场功能的发挥也还不完全和不充分。因此，需要立足于金融市场发展。而金融市场发展首先要把握正确的发展目标，为此，要明确市场发展的目的是促进经济发展。要把满足经济发展的实际需求作为推动金融市场体系建设的基础，按照经济发展的客观要求，加快推动金融市场建设，充分发挥金融市场在经济中的核心作用；要明确市场发展需要综合提升金融市场的广度、深度和市场容量；要明确市场发展的核心在于提振市场功能；要能够兼顾处于不同发展阶段、不同类型的企业需求，并能兼顾企业的投融资需求、避险需求和国家的宏观调控需求；要着眼于为我国金融市场的进一步开放与国际化准备条件；要逐步提升金融市场层次，改善金融市场结构，实现多层次金融市场的全面、协调、可持续发展。

### （二）继续推进金融市场创新

创新是金融市场发展的持续推动力，推动金融市场产品创新是贯彻落实科学发展观的关键。目前，我国的金融产品创新不足，金融衍生产品也处于初级阶段，难以满足国内投资者多层次的投资与避险需求，也降低了社会闲散资金转换为投资的效率。因此，我们应立足中国的实际情况，借鉴国际经验，继续积极推动金融市场创新，在风险可控的条件下，继续推动货币市场工具创新、风险与收益匹配的债券品种创新。并进一步丰富金融市场套期保值和避险工具，逐步引入更多的利率、汇率和信用衍生产品，为市场参与者管理风险提供便利，提高市场效率和稳健性。要建立市场为主导的产品创新模式，依靠市场主体进行创新。目前，我国采取的是政府主导产品创新的模式，这种模式对于推动落后市场的快速发展具有优势，但从成熟金融市场经验来看，市场主导的产品创新模式更具有长久的生命力。

### （三）大力促进金融市场规范运行

规范是促进金融市场平稳运行与维持金融市场秩序的保障，是市场长期发展和不断创新的基础与保障。当前，促进金融市场规范发展应从以下几个方面着手：一是推进监管制度建设，理顺银行、证券、基金、信托、保险等各类金融业务的法律边界，切实加强监管，防范市场风险。同时，着力加强鼓励金融企业开拓业务和自主创新的监管制度建设，建立市场化的机制，充分发挥市场的作用；二是加大维护市场秩序的力度，提高金融机构发行与交易行为的合规性、提高金融机构通过金融市场融通的资金使用的合规性，通过维护市场秩序保护投资者权利；三是加强金融市场风险监测与预警，重点监测发生交易异动的市场、金融机构和金融产品，并加大对高杠杆产品的监测分析力度，动态跟踪金融市场风险的变化情况，确保金融市场规范运行。

### （四）积极推动金融市场协调发展

金融市场协调发展是提高金融市场效率和实现市场全面、可持续发展的内在要求。协调发展的金融市场体系不仅有利于监管体系和宏观调控机制的健全和完善，而且有助于引导资源的有效配置，提高金融市场效率。一是协调好金融市场体系各子市场间的关系，既要防止单个子市场在一段时间发展过快、过猛而导致的暴涨暴跌，又要防止某些子市场发展停滞不前，成为制约整个金融市场体系发展的短板。二是推动金融产品一级市场、二级市场协调发展，在推动发行产品创新的同时，不断加强二级市场交易工具创新。三是积极推动场内市场与场外市场的协调发展，发挥场内撮合成交适用于小额零售的特点，推动交易所股权类、标准化衍生产品发展；发挥场外市场适于大宗批发的特点，推动场外市场发展各类固定收益类产品和场外衍生产品，进一步丰富金融市场套期保值和避险工具。四是加强市场各监管部门之间的协调与沟通，对同类型的市场及市场成员，统一制定有关的市场规则，以防止出现监管重叠、监管遗漏或监管空缺，并推动建立金融市场监管的长效协调机制和信息共享机制，以解决带有综合性与全局性的问题，确保金融体系和金融市场安全、稳定、高效运行。

### （五）努力营造良好的金融市场生态环境

金融生态是指影响金融市场运行的外部环境和基础条件，它包括法律制度环境、公众风险意识、中介服务体系、市场信用体系、行政管理体制等内容。国内外金融市场实践证明，金融市场发展与金融生态改善密不可分，当前必须加快经济和金融体系改革，大力改善金融生态。一是稳步推进利率市场化与人民币汇率形成机制改革，增强金融机构和企业对价格信号的灵敏度，提高其风险定价能力和水平，这有助于完善货币政策传导机制，进一步完善金融市场价格体系，推动金融市场稳定发展。二是完善金融市场信用体系，将建立与完善金融市场信用体系作为建立与完善整个社会信用体系的一部分，统筹考虑，协调安排。三是进一步完善金融市场的法律制度环境。完善基本法律、法规，以保护投资者、债权人等金融市场参与主体的合法权益；建立完善统一的金融市场规章制度，包括会计、审计、税收以及信息披露制度等，保证市场公正性，提高市场透明度。四是进一步完善多层次金融市场风险分担与约束机制。要加强发行人信息披露、信用评级管理，切实发挥主承销商尽职调查的作用，有效提高注册会计师的执业水平等。

# 第二章　货币市场

2008年，货币市场规模稳步增长，市场利率有所下降。同业拆借市场的参与者范围不断扩大，利率风险降低；债券回购市场中，买断式回购规模高速扩张，回购利率与其他货币市场利率同步性增强；短期融资券市场利率形成机制更加市场化；票据市场运行呈现阶段性波动，市场创新成效显著。

## 一、同业拆借市场：利率风险明显降低

在2007年跨越式增长的基础上，2008年同业拆借市场的参与者范围继续扩大，交易规模持续增长，利率波动减小，利率风险降低，透明度管理逐步加强，市场成员交易行为更加活跃，同业拆借市场保持了健康发展的良好势头。

### （一）同业拆借市场运行情况

2008年，同业拆借市场累计成交15.05万亿元，日均成交602亿元，比2007年增长41%。2008年同业拆借加权平均利率①为2.98%，比2007年降低22个基点。拆借利率最高点为1月24日的6.11%，最低点为12月30日的1.12%，全年利率极差约为500个基点。

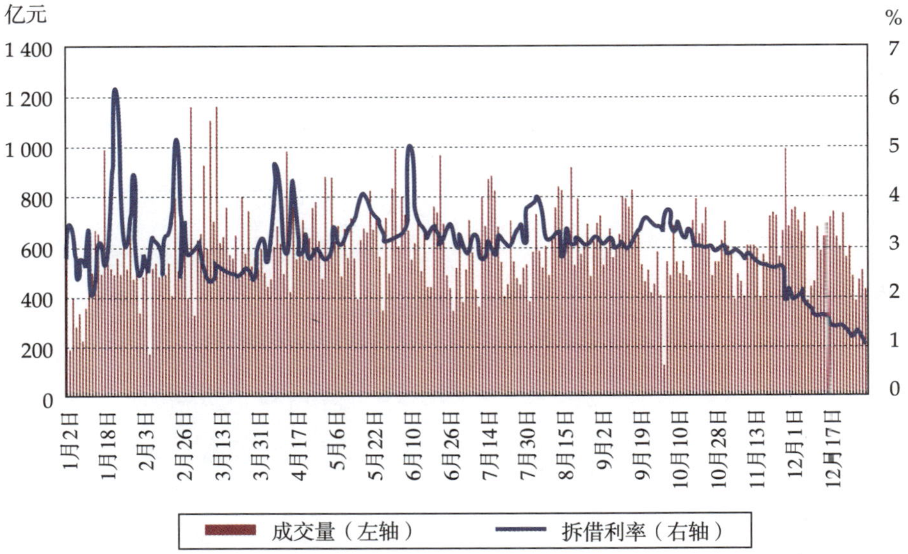


数据来源：中国货币网。

图2-1　2008年同业拆借交易量和利率

①本节中若无特别说明，拆借利率均指具有代表性的7天期拆借利率。

## （二）同业拆借市场运行的主要特点

**1．交易量增幅回归多年平均水平**

2008年同业拆借交易量比2007年增长42%，虽然显著低于2007年同比增长395%的水平，但与近十年的平均增幅相当。从1997年到2007年的十年时间里，同业拆借年交易量从8 298亿元增加到10.65万亿元，年均复合增长率为29%。2007年，同业拆借市场规模出现跨越式增长，与修订后的《同业拆借管理办法》的实施、Shibor报价制改革密切相关，体现出制度变迁的影响。

**2．利率风险明显降低**

与2007年拆借利率剧烈波动相比，2008年拆借利率波动幅度明显减小，利率波动频率降低。2008年全年最高利率和最低利率之差为500个基点，明显小于2007年826个基点的水平；利率波动平均周期约为40个交易日，明显长于2007年20个交易日的水平。2008年第一季度以后，大盘新股发行逐渐减少，货币市场利率受外部冲击减弱，是拆借利率风险降低的主要原因。除新股发行之外，四川汶川特大地震、雷曼兄弟公司倒闭等突发事件也对拆借利率产生了明显影响。5月12日，四川汶川特大地震发生后，拆借利率在一个月内从3.2%上升到5.0%，出现一轮较大波动。9月中下旬，雷曼兄弟公司倒闭等危机事件爆发后，拆借利率出现近100个基点的上升，但不久后即持续下行至年末的1.12%。但是，与9月至10月美元和英镑等货币短期利率出现几百个基点的大幅波动相比，人民币同业拆借利率表现相对平稳，市场没有出现剧烈振荡。

**3．短期交易仍占主流，部分长期品种比重有所增加**

2008年，同业拆借市场期限结构未发生明显变化。7天以内交易占全部交易的94%，与2007年的比例相当。3个月以上拆借交易占比略有增加，占全部交易的0.6%，高于2007年0.13%的水平。

**4．国有商业银行净拆入规模先升后降**

2008年，同业拆借市场仍然以银行类金融机构之间的交易为主。四大国有商业银行是最主要的资金拆入机构，全年净拆入2.46

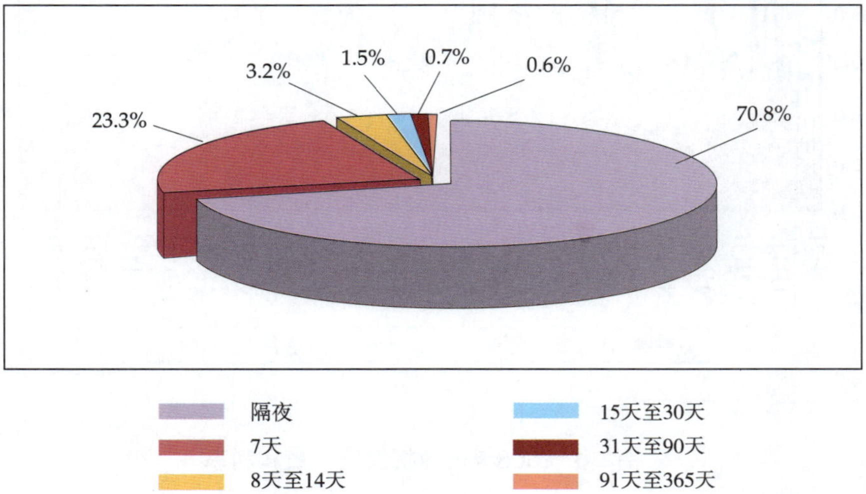


数据来源：中国货币网。

图2-2 2008年同业拆借交易期限结构

亿元。国有商业银行净拆入资金规模呈先升后降的趋势，净拆入的83%集中在1月至7月，8月以后，净拆入明显减少。

### （三）当前同业拆借市场发展需要关注的几个问题

**1. 新股发行冲击利率运行问题**

2006年第四季度开始，拆借利率开始呈现"锯齿形"波动，利率风险显著加大。2007年，拆借利率波动进一步加剧，最高利率与最低利率的差距达到826个基点，极端利率高点达到9.71%。2008年，虽然利率波动有所收敛，但是仍明显高于2006年以前的水平。利率风险加大成为制约中小金融机构参与同业拆借交易的重要因素之一。

虽然，同业拆借利率波动是多种因素综

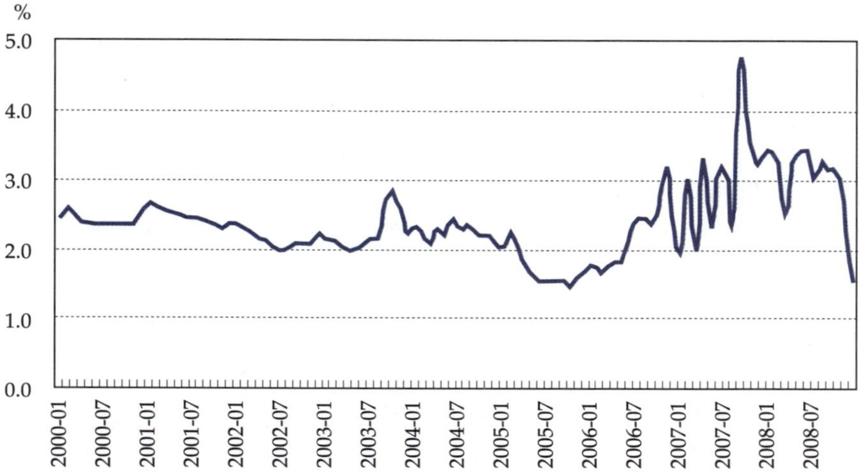


数据来源：中国货币网。

**图2-3 2000年以来同业拆借月均利率波动**

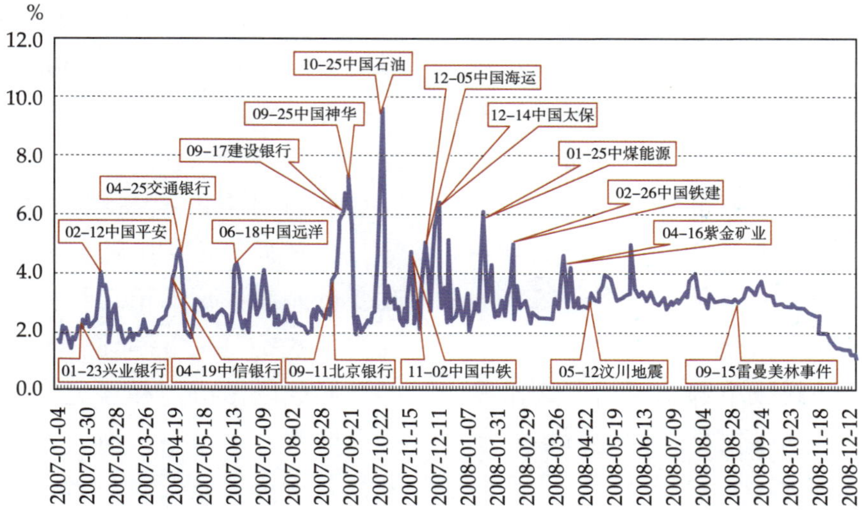


数据来源：根据中国货币网、Wind资讯数据整理。

**图2-4 大盘新股发行对同业拆借利率的冲击**

合影响的结果，但是综观近三年的利率波动，大盘新股发行无疑是最主要的冲击因素。自2006年下半年重新启动新股发行以来，募集资金量超过100亿元的新股发行无一例外地覆盖了拆借利率波动的阶段性峰值。尤其当新股发行日与存款准备金率上调实施日重叠时，拆借利率波动更明显。新股发行冲击拆借利率不仅在2007年9月中国神华、10月中国石油发行时尤为显著，而且2008年上半年利率波动的3个峰值也分别出现在中煤能源、中国铁建和紫金矿业3只新股的发行日。2008年下半年拆借利率风险降低与A股市场新股发行减少密切关联。

大盘新股发行对同业拆借利率的冲击与我国特殊的新股发行制度有关。首先，我国新股发行折价偏高。2007年，我国新股发行首日收益率①达到193%，不仅远远高于美国、德国、法国等成熟市场经济国家5%~15%的水平，而且与韩国（约为65%）、马来西亚（约为18%）等新兴经济体相比也明显偏高。一级市场、二级市场巨大差价使购买新股成为明显的无风险套利行为，大量资金被吸引到新股申购活动中，改变了新股申购期间货币市场的供求关系，带动短期货币市场利率上升。其次，资金量配售制度和集中验资制度放大了新股发行对货币市场的冲击。在新股申购期间，大量资金短时间内向个别验资银行集中，银行体系流动性分布高度不平衡，利率定价垄断性强化。大多数银行为弥补准备金头寸缺口只能通过同业拆借市场高利率融入资金。新股申购结束后，大量参与申购的资金回流到各银行，同业拆借利率迅速下降到申购前水平。

同业拆借利率作为货币市场最重要的价格指标之一，始终是宏观调控部门在制定宏观政策和公开市场操作策略时的重要参考。如果不改变大盘新股发行冲击拆借利率的状况，则可能干扰决策层判断市场流动性状况，影响宏观经济政策有效实施。解决大盘新股发行冲击同业拆借利率问题的根本在于改革我国新股发行制度，完善股票一级市场定价机制，提高一级市场定价效率，减少一级市场、二级市场差价。此外，改变按资金量配售和集中验资制度，可避免大量资金无效率流动，保持货币市场基本稳定。

**2. 市场结构优化问题**

2007~2008年，同业拆借市场规模有了跨越式增长，年交易量由2006年的2.15万亿元扩大到2008年的15.05万亿元。与此同时，拆借市场的结构发生深刻变化，市场集中度明显提高。2008年，国有商业银行、股份制商业银行、城市商业银行、外资银行四类机构占拆借市场总交易量的比重为91%，明显高于2006年四类机构交易量占总交易量68%的水平。其中，16家上海银行间同业拆放利率(Shibor)报价银行的交易量增加尤为显著。2007年，在8万亿元新增交易量中，16家Shibor报价银行占70%以上；2008年，在5万亿元新增交易增量中，16家Shibor报价银行占75%左右。

市场集中度提高有两种可能的发展趋势。一方面，可以有利于形成市场化的分层，改变目前扁平化的市场结构，降低中小金融机构寻找交易对手的成本，提高市场效率，逐渐形成以做市商和经纪人为核心的成熟场外市场范式。另一方面，如果交易量的增长只在若干大机构之间“循环”，则无法有效提高市场的深度和广度，以致出现垄断定

①新股发行首日收益率=（新股上市首日收盘价－新股发行价）/新股发行价。

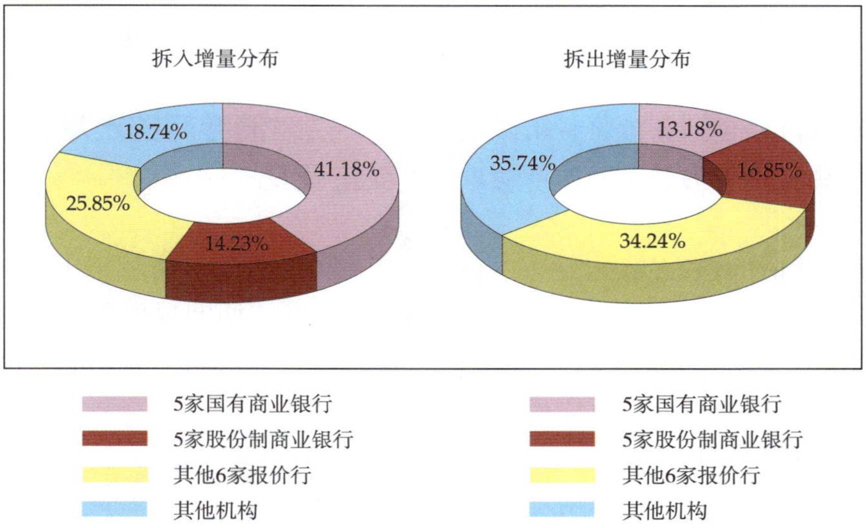


数据来源：根据中国货币网数据整理。

**图2-5 2008年同业拆借增量分布**

价，扭曲价格信号。

市场结构的优化是涉及市场功能提升的重大问题。尊重市场规律、创造公平竞争的市场环境是促进市场结构演进的首要条件。同业拆借市场近几年加强透明度管理，以技术进步强化市场基础设施建设的政策，对于市场稳健运行起到重要作用。今后逐步引导专业中介机构在货币市场发挥作用，时机成熟时引入货币市场做市商制度是促进市场结构优化的合理举措。

**3. 货币市场利率基准的锚定问题**

2006年10月，Shibor报价制改革启动以来，在两年时间内取得了明显进展：一是Shibor报价组织体系基本建立，报价银行内部机制建设、报价银团定期沟通机制建设、报价对外发布平台搭建都取得明显成效；二是Shibor报价制改革促进同业拆借市场规模扩大，2008年同业拆借交易规模比2006年扩大了7倍；三是Shibor应用范围不断拓展，以Shibor为基准的债券和衍生产品规模扩大；四是Shibor报价制改革增强了货币市场各利率的联动性，2008年下半年拆借利率与回购利率的相关系数达到0.97，高于2006年0.95的水平。

但是，与市场参与者的期望相比，Shibor仍与有效的货币市场基准利率存在明显差距。市场争论的焦点集中于两个问题。

一个问题是Shibor报价长短端变化趋势是否应该一致。观察Shibor运行情况表明，Shibor短端报价（隔夜、7天、14天、1个月四个报价）与长端报价（3个月、6个月、9个月、1年四个报价）经常发生变化趋势背离。短端报价与货币市场实际成交利率联系较为紧密，利率波动比较大；长端报价则与中央银行票据发行利率保持较高相关性，利率走势相对平稳。因此，当中央银行票据发行利率保持稳定时期，各期限报价的相关性明显降低，有的利率甚至出现负相关。这种情况与我国管制利率与市场利率并存的体制环境有关。Shibor短端报价与市场利率走势较为一致，更多地反映市场流动性情况；长端报价缺乏可实际交易的定价作参考，更贴近管制利率变化。Shibor长短端报价事实上的双重基准，意味着中央银行希望通过调控一两个短期利率而影响中长期利率的调控方式难以实现。这对逐步创造条件将货币政策中介目标由货币供应量转为利率的改革初衷带来了挑战。

另一个问题是Shibor报价银行是否应该承担实际成交义务。Shibor运行两年多，尚未引入报价点击成交机制。坚持"无成交义务"原则的参与者认为，同业拆借对手方的选择需要有严格的信用评估和甄别过程，且受本行授权授信制度的约束，并非可以对非特定对手无限量地拆出资金。如果承担按照报价实际成交义务，其信用风险很可能失控；如果只对最高信用等级的对手报价，由于资金需求趋同，也不容易实际成交。支持报价银行应承担在货币市场做市义务的参与者认为，如果不承担按报价实际成交的义务，则Shibor报价是不是反映市场供求的均衡利率就没有评价标准。而且，无论其报价是过高还是过低，都无法通过套利机制促使其向均衡利率回归，非均衡的报价有可能长期维持，从而最终损害Shibor报价的公信力。

## 二、债券回购市场：交易品种结构发生变化

2008年，债券回购市场交易规模稳步增长，买断式回购规模明显扩大，回购利率总体回落，回购利率与其他货币市场利率同步性增强。

### （一）债券回购市场运行情况

2008年，银行间债券市场回购累计成交58.12万亿元，日均成交2 316亿元，比2007年增长30%。其中，质押式回购累计成交56.38万亿元，比2007年增长28%；买断式回购累计成交1.74万亿元，日均成交70亿元，比2007年增长140%。另外，交易所债券回购累计成交2.43万亿元，比2007年增长31%。在交易所回购中，除38亿元为企业债回购之外，均为国债回购。

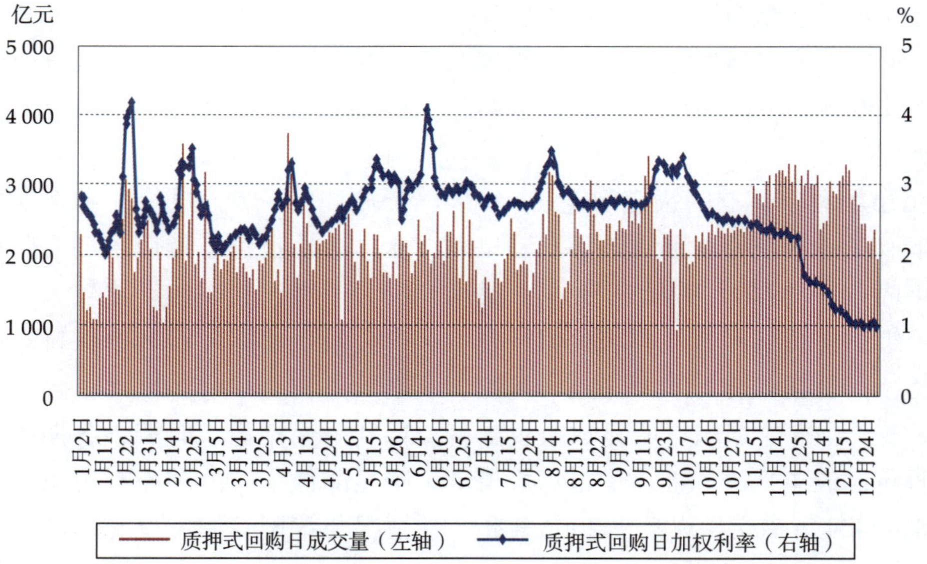


数据来源：中国货币网。

图2-6 2008年质押式回购成交量价图

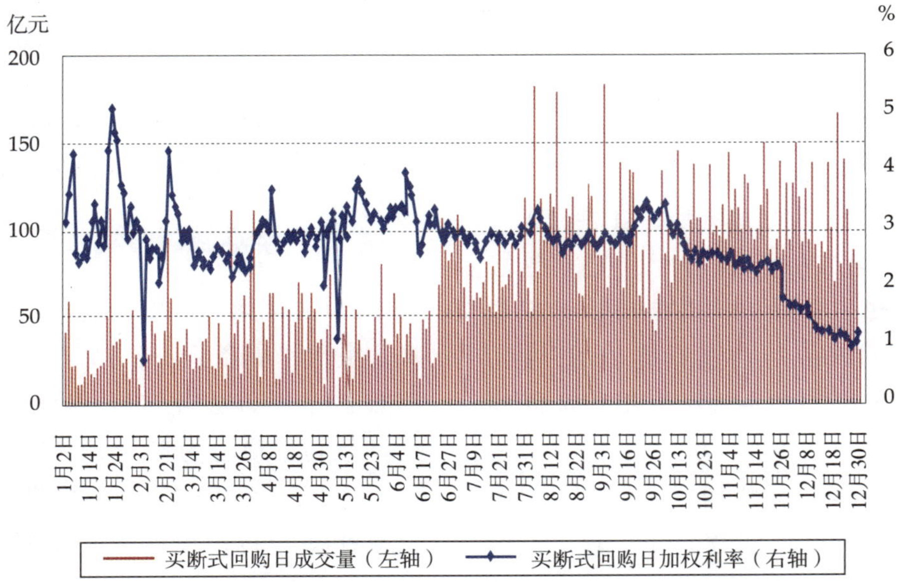


数据来源：中国货币网。

**图2-7 2008年买断式回购成交量价图**

2008年，质押式回购加权平均利率为2.56%，比2007年降低22个基点，回购利率最高点为1月24日的4.12%，最低点为12月24日的0.98%，全年利率极差为314个基点。买断式回购加权平均利率为2.65%，比2007年降低24个基点。2008年，质押式回购利率与买断式回购利率走势保持高度关联：前三个季度走势总体较为平稳，第四季度利率快速下降。

## （二）债券回购市场运行的主要特点

### 1. 买断式回购高速增长

2007年和2008年，买断式回购保持跨越式增长势头：2007比2006年增长151%，2008年又增长140%。在两年内，买断式回购规模扩大了近5倍。买断式回购高速增长的原因：一是买断式回购为更多市场机构认知和熟悉，机构对这一新型交易工具的会计核算处理更加规范，通过买断式回购与其他业务组合进行套做放大和息差交易等的交易活动趋于活跃；二是国内金融机构的风险意识不断强化，出于控制回购风险的考虑，部分资金融出方倾向于采用回购期间标的债券所有权即时转移的买断式回购；三是债券结算代理人倾向于采用买断式回购方式代理企业融资，以避免采用质押式回购垫付债券的问题。

### 2. 回购市场短期化趋势加强

2008年，在质押式回购诸品种中，隔夜品种成交最为活跃，占质押式回购总成交量的64%，而14天以上的交易占总成交量仅有3%。短期交易占据回购市场主流与两方面因素相关：一是银行间市场主要参与者将其作为头寸调节的主要工具，以替代无担保品的拆借业务；二是质押式回购期间债券处于冻结状态，如果质押期较长，则交易双方均面临债券估值风险。当债券价格上涨时，债券出质人无法把握市场机会卖出债券；当债券价格下跌时，质押权人则担心质押资产价值缩水，债权保护不足。

**3．回购标的债券分布结构发生变化**

2008年，94%的质押式回购以国债、中央银行票据和政策性金融债为回购标的，比2007年上升了1.4个百分点。其中，以中央银行票据作为回购标的的交易占比由2007年的29.2%上升至2008年的37.6%。这种结构变化部分地体现了金融机构防范风险意识加强，在质押式回购中时更愿意接受期限短、利率风险相对较小的中央银行票据作为回购标的。

2008年，买断式回购的标的债券也集中于国债、中央银行票据和政策性金融债，但与质押式回购不同：回购标的为国债和中央银行票据的买断式回购占比较之2007年下降了21个百分点，而回购标的为政策性金融债的买断式回购占比则由2007年的18.3%上升至2008年的36.2%。

**4．回购利率与拆借利率同步性增强**

2008年，拆借利率与质押式回购利率的平均利差仅为5个基点，低于2007年17个基点的利差水平，两类利率的同步程度进一步提高。尤其是在2008年第四季度货币市场利率快速下降过程中，拆借利率和回购利率保持了99%以上的高度相关性。2008年，影响货币市场利率的大盘新股发行等外部冲击因素减弱、拆借市场和回购市场联动性加强，都是促进货币市场利率同步性提高的原因。

## （三）债券回购市场发展需关注的问题

2008年第四季度，货币市场利率快速下降，短期利率降至低于1%的水平；同期，债券收益率曲线发生向下移动，且更加陡峭化。低利率环境为参与者利用债券回购交易放大债券投资杠杆的策略提供了机会。这种现象在往年货币市场低利率时期都曾出现。但杠杆化交易的利率风险不可忽视，市场参与者应利用利率互换等工具及时对冲风险敞口，有效地控制投资风险。随着货币政策方向的调整，2008年第四季度以来，中央银行票据发行频率降低，规模也出现下降：从10月27日起，1年期中央银行票据由每周发行改为隔周发行；从11月5日起，3月期中央银行票据也改为隔周发行。前三个季度中央银行票据分别发行17 770亿元、11 670亿元和9 810亿元，第四季度仅发行3 710亿元。由于中央银行票据是目前质押式回购交易的主

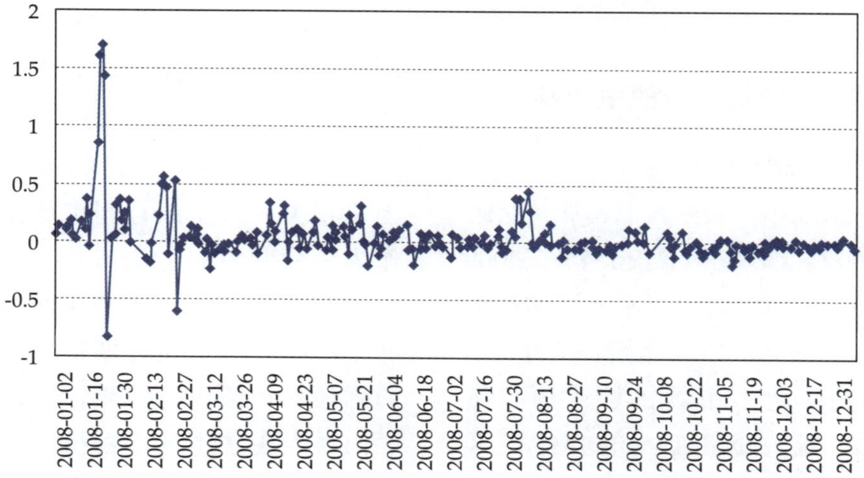


数据来源：根据中国货币网数据整理。

**图2-8 2008年拆借回购利差变化**

要标的，当其发行规模下降时，可能使质押品结构发生变化，增加回购交易的利率风险或信用风险。因此，回购市场的质押品风险管理问题需引起更多关注。

## 三、短期融资券市场：高信用评级发行人比重提高

2008年，短期融资券市场继续保持快速、健康发展的态势。短期融资券发行总量持续增长，市场存量规模再创历史新高，发行利率下降，利率形成机制更加市场化。短期融资券二级市场交易活跃程度明显提升，投资者风险意识强化。中小企业短期融资券试点平稳起步。

### （一）短期融资券市场运行情况

2008年，共有214家企业发行短期融资券，累计发行268只，比2007年增加4只；累计发行额为4 298.5亿元，比2007年增长28%。2008年，累计兑付短期融资券265只，累计兑付金额为3 298.5亿元。截至2008年年末，未到期短期融资券余额为4 203.1亿元，比2007年年末增长31%。2008年，平均每只短期融资券发行规模为16.04亿元，比2007年增加3.33亿元。

2008年前三个季度，短期融资券发行利率从2007年年末的水平缓慢下降。第四季度开始，受连续降息等因素影响，发行利率下降速度加快。以发行主体信用评级为AAA级的短期融资券为例，2008年年末发行利率为2.2%，比年初下降了269个基本点。短期融资券发行利率与中央银行票据发行利率总体走势基本一致，但是在发行利率下降过程中，信用利差扩大。主体信用评级为AAA级的短期融资券发行利率前三个季度与中央银行票据发行利率的利差基本稳定，第四季度受经济下滑和信用事件多发的影响，利差快速扩大；主体信用评级较低的短期融资券，发行利率下降幅度远小于高信用等级短期融资券，反映了市场对不同信用级别券种的风险溢价需求。

2008年，短期融资券二级市场交易活跃，全年累计现券交易2.88万亿元，比2007年增长99%。2008年，短期融资券现券平均周转率为779%，明显高于2007年457%的水平。

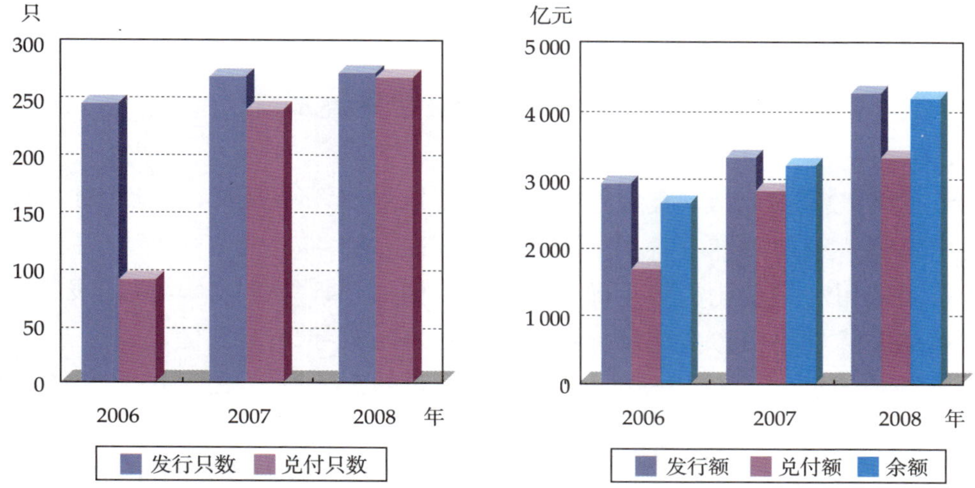


数据来源：中国银行间市场交易商协会。

图2-9　短期融资券发行兑付概况

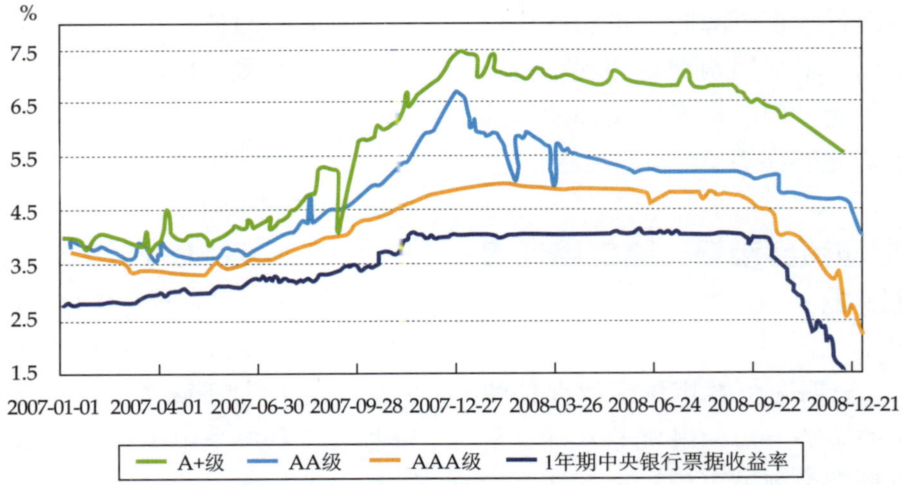


数据来源：根据中国债券信息网数据整理。

图2-10　短期融资券发行利率变化

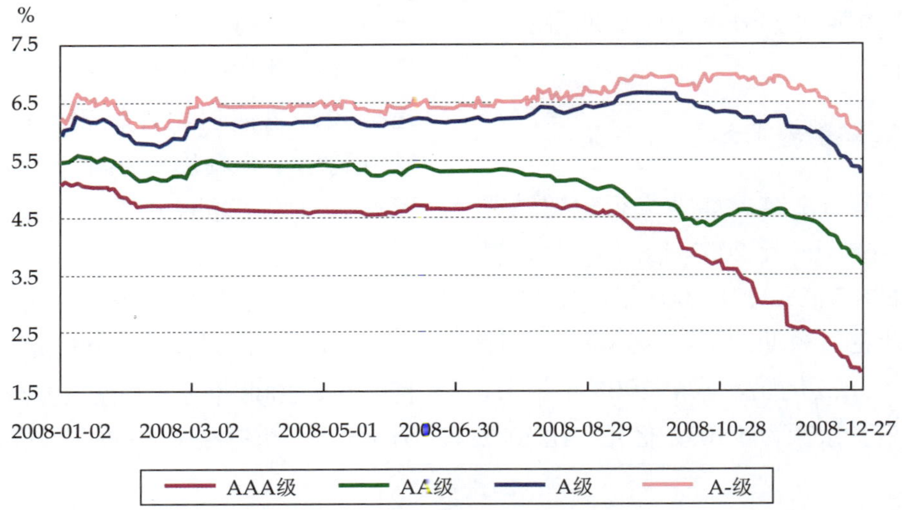


数据来源：中国债券信息网。

图2-11　短期融资券二级市场收益率变化

2008年，短期融资券二级市场收益率前三个季度稳中略降，第四季度收益率下降加快。与一级市场信用利差变化趋势相同，在二级市场收益率下降过程中，低信用评级券种的收益率下降幅度较小，信用利差扩大。

## （二）短期融资券市场运行的主要特点

### 1．高信用评级发行人比重提高

2008年，在214家短期融资券发行人中，主体信用评级为AAA级的有33家，占发行家数的15.4%，比2007年增加了4.7个百分点。主体信用评级为AAA级的发行人累计发行短期融资券2 202亿元，占总短期融资券发行量的51.23%，比2007年增加了9.6个百分点。

### 2．中小企业发行短期融资券试点平稳起步

2008年10月，中国银行间市场交易商协

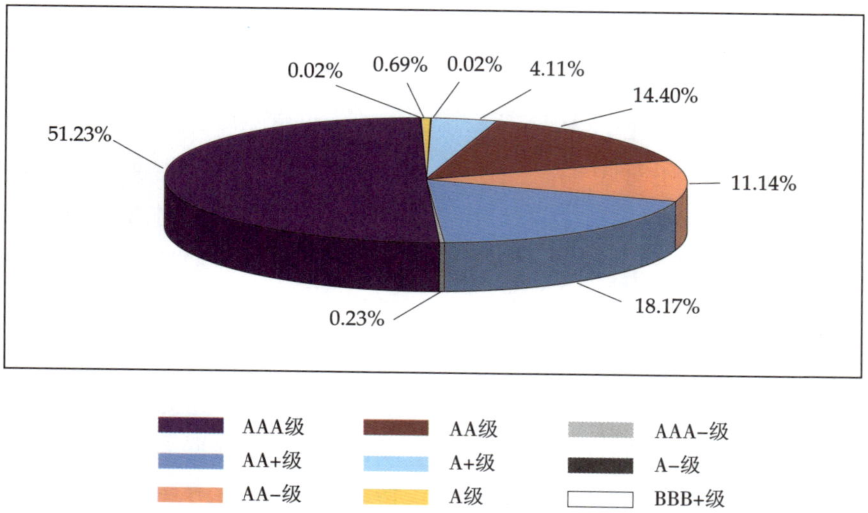


数据来源：中国银行间市场交易商协会。

**图2-12 短期融资券发行量信用等级分布（金额占比）**

会开展中小企业发行短期融资券试点。截至2008年年末，共接受6家中小企业的短期融资券发行注册，其中，5家企业成功发行1.6亿元短期融资券。此项试点有效地落实了中央宏观调控政策，缓解了部分中小企业融资困难。

**3. 投资者分布更加广泛**

经过几年的快速、健康发展，短期融资券已经成为中国货币市场最受欢迎的产品之一，短期融资券的投资者群体有序扩大、类型分布更加多样化、短期融资券持有结构更加分散。截至2008年年末，全国性商业银行持有短期融资券的比重是42%，比2007年年末下降了19个百分点。基金、农村信用社和其他金融机构持有短期融资券的比重明显提高。短期融资券持有结构更加分散，有利于形成有效竞争、交投活跃的二级市场，充分发挥短期融资券市场的风险定价功能。

**4. 投资者风险意识增强**

2008年，短期融资券市场未发生信用违约事件，年内到期的短期融资券均获得了及时、足额的兑付。但是，由于宏观经济环境

**表2-1 投资机构持有短期融资券情况表**

| 投资机构 | 持有余额(亿元) | 比2007年增减(%) | 投资机构 | 持有余额(亿元) | 比2007年增减(%) |
|---|---|---|---|---|---|
| 商业银行 | 2 022.85 | -11.51 | 信用社 | 391.14 | 112.58 |
| 全国性商业银行 | 1 770.81 | -9.1 | 证券公司 | 259.6 | 57.78 |
| 外资银行 | 5.3 | 1 666.67 | 保险机构 | 166.39 | 17.65 |
| 城市商业银行 | 160.64 | -32.27 | 基金 | 838.48 | 149.73 |
| 农村商业银行 | 61.70 | -30.05 | 其他金融机构 | 500.32 | 790.88 |
| 农村合作银行 | 24.4 | 106.78 | 非金融机构 | 24.32 | -13.94 |

数据来源：中国银行间市场交易商协会。

变化和突发事件的影响，中铝、宏大、航天晨光、力诺、魏桥、中国高新、云铜等发行人生产经营中出现若干重大变化，由此引起投资者高度关注，有的事件还对短期融资券市场造成一定冲击。由此，投资者对低信用评级企业发行的短期融资券趋于谨慎、投资需求下降，信用利差明显扩大。这种变化起到了提示信用风险的作用，强化了投资者的风险意识，也充分说明短期融资券市场的信用风险定价机制运行良好，可以发挥市场选择和市场约束的功能，有利于短期融资券市场的长远发展。

### （三）短期融资券市场发展展望

**1．市场规模有望继续稳健快速增长**

国际金融危机对国内实体经济的影响已经显现，从东部地区逐步往中西部地区扩散和蔓延；从下游产业扩散和蔓延到上游产业，国内经济增速快速下滑，企业经营业绩下降。而且，经营面的突然性剧变，也使企业在短期内面临阶段性的流动性压力，企业经营形势日益严峻。2009年，实体经济对资金的需求预计将更为迫切。

中央为应对国际金融危机对国内经济造成的影响，进行积极的宏观调控。其中，2008年12月，国务院办公厅发布的《关于当前金融促进经济发展的若干意见》的第十三条提出，“扩大债券发行规模，积极发展企业债、公司债、短期融资券和中期票据等债务融资工具”。要求加快债务融资工具市场的发展，扩大发行量，创新品种，加大金融对经济发展的支持力度，促进经济平稳、较快发展。

短期融资券是解决企业流动资金的金融工具，在当前的经济环境中，其低融资成本和便捷的发行流程将对企业产生更加强大的吸引力。2008年年末，主体信用等级AAA级的短期融资券发行利率为2.2%，加上相关发行中介费用，发行总成本大约不到发行额的3%，低于银行1年期贷款利率。同时，从2008年4月短期融资券开始实行注册制以后，其发行手续相对简单，发行流程更加便捷，更充分发挥了市场化原则和相应制约机制。

在政府相关政策的积极推动下，在短期融资券的融资优势吸引下，企业通过发行短期融资券进行融资的需求将会进一步迸发，短期融资券的市场规模有望继续稳健、快速增长。而短期融资券市场的规模扩张，可以切实发挥直接债务融资工具市场对“保增长”的促进作用。

**2．低利率环境将得以延续**

面临国际金融危机的冲击，美国、欧盟、日本等主要经济体相继不断地采取降息等宽松的货币政策以刺激经济增长。2008年，美国的联邦基准利率下调了七次，由4.25%降至0~0.25%的目标区间；欧洲中央银行三次累计下调基准利率175个基点，主要再融资利率由4.25%降至2.50%；日本的基准利率经过两次下调，无担保隔夜拆借利率降至0.1%。许多国家的利率都已接近或是连续刷新历史最低纪录，全球已经进入低利率时代。

随着外围经济环境的恶化，我国经济也受到了一定程度的影响，2008年第四季度GDP增长率下降到6.8%。为了应对国际金融危机的冲击，保持国内经济平稳增长，党中央、国务院及时调整了宏观调控政策，实行积极的财政政策和适度宽松的货币政策。为执行适度宽松的货币政策，中国人民银行综合运用价格和数量等多种工具。从2008年9月开始，五次下调存贷款基准利率共216个基点，年末1年期贷款基准利率降至5.31%，四次下调存款准备金率，并大幅缩减中央银行票据的发行量。

目前，全球经济衰退尚未见底，主要经济体的指标仍在恶化，尽管已经处于低利率时代，但并不能排除2009年利率进一步走低的可能性。危机对国内实体经济的影响还在持续，部分行业的风险持续加大，对经济平稳运行存在着较大威胁。在此情况下，货币政策仍可能维持适度宽松，而适度宽松的货币政策则将会使银行间市场的流动性继续保持相对宽裕，低利率环境将得以延续。

**3. 产品创新力度更大**

短期融资券自面世以来，发行和交易机制逐步市场化，年度发行额和市场存量不断增加，短期融资券市场保持了平稳、快速发展的态势。但是，目前市场上已发行的短期融资券均为固定利率、不含权品种，难以完全满足不同发行者的融资要求和各类型投资者的投资需求，市场存在着巨大的创新冲动。2008年10月，中小企业短期融资券试点的推出，在短期融资券市场实现了发行主体信用等级的突破，BBB级主体第一次进入市场，且有担保的短期融资券也再次出现。

当前的短期融资券市场，发行者要考虑融资结构、资产匹配、财务成本控制等，投资者要考虑收益率、风险特征、流动性等。市场机构在这些方面对短期融资券存在强烈的创新需求。2009年，随着市场化机制的有效发挥，在市场主体的参与和推动下，短期融资券可望在利率、用途、担保、含权、结构化、币种等方面出现创新。市场机构的自主创新，将进一步完善金融产品结构，增强市场自身的调节机制，提高金融市场运行效率。

## 四、票据市场：融资规模变化与宏观政策密切相关

2008年，票据市场融资规模明显增长，市场运行呈现阶段性波动，票据交易持续活跃，票据市场利率振荡走低，票据市场创新成效显著，风险防控体系日渐完善。票据市场满足企业融资需求、服务商业银行经营等作用得以充分发挥。

### （一）票据市场运行情况

2008年，我国票据市场累计签发商业承兑汇票达7.09万亿元，同比增长20.7%；累计办理贴现13.51万亿元，同比增长33.6%；累计办理再贴现109.7亿元，同比下降20.63%。2008年年末，未到期承兑汇票余额为3.2万亿元，同比增长30.9%；票据贴现余额为1.9万亿元，同比增长50.4%；再贴现余额为23.09亿元，同比增长59.79%。

2008年，票据市场利率明显下降。以“工商银行票据转贴现价格指数”为例，年末报收于769点，较年初下跌2 207点，降幅高达74%。票据市场利率下降集中于第四季度：2008年前4个月，票据转贴现价格指数下跌24%；5月票据市场利率企稳；6月票据市场利率小幅上涨；7月以后，票据市场利率一路走低，尤其第四季度中央银行连续降息之后，转贴现指数跌幅高达63%。中国票据网报价信息也显示了同步变化，第四季度部分商业银行贴现利率报价已低于再贴现利率。票据贴现利率走低使得商业银行持有票据的收益空间收窄，银行承兑汇票转贴现利率也下探至1.5‰左右。

2008年，票据市场运行表现出较为明显的阶段性特征。第一季度，受从紧货币政策的影响，票据市场的规模延续2007年收缩态

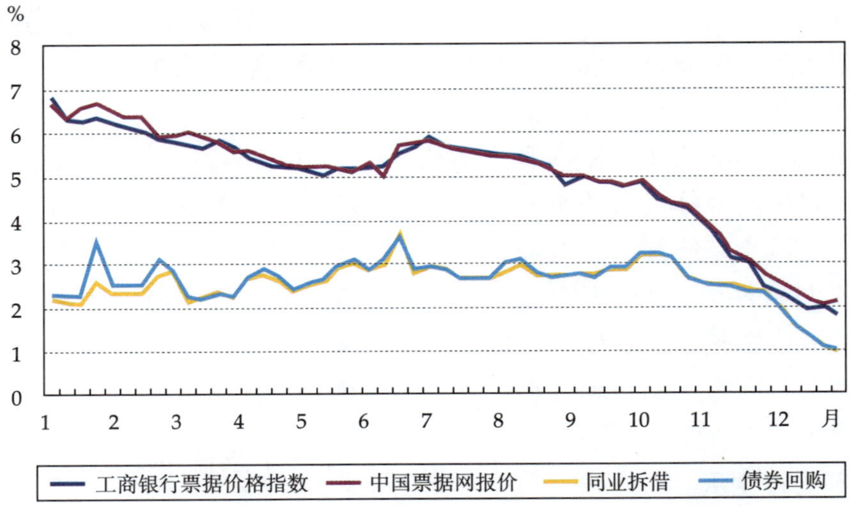


数据来源：根据中国货币网、中国票据网等数据整理。

**图2-13 2008年票据市场与相关货币市场利率走势**

势，3月末，贴现余额降至1.2万亿元，比2007年同期下降33%；第二季度，票据市场回暖，规模略有回升，6月末，贴现余额为1.3万亿元；第三季度，宏观经济政策目标由年初的"两防"调整为"保增长、控物价"，企业的票据行为趋于活跃，9月末，贴现余额为1.44万亿元；第四季度，宏观政策取向的变化使票据市场活跃程度明显上升，12月末，贴现余额为1.93万亿元，比9月末增加近5 000亿元。

## （二）票据市场运行的主要特点

**1. 票据规模变化与宏观政策密切相关**

2008年上半年，在从紧货币政策调控下，票据贴现余额始终维持在1.3万亿元以内，市场规模变化平稳。第三季度开始，宏观政策转向"保增长、控物价"，票据市场贴现余额出现连续上升。年末，中央果断实施积极的财政政策和适度宽松的货币政策，票据贴现余额加速上升，11月和12月票据贴现融资余额环比增幅均超过10%。与银行贷款业务相比，票据业务的规模控制更加灵活、定价机制市场化程度更高，是商业银行应对宏观政策变化，快速调整信贷总规模的重要手段。因此，近几年，票据市场规模变化始终与宏观政策，尤其是信贷总量政策密切相关。

**2. 票据市场交易持续活跃**

2008年，无论是在上半年票据融资余额增速徘徊时期，还是下半年增幅加快阶段，票据市场交易始终保持较高活跃程度。企业全年累计签发商业汇票7.1万亿元，比2007年增长20.7%。股份制商业银行、城市商业银行、农村信用社等金融机构承兑出票积极性较高，票据一级市场签发量保持较快增长，为企业提供了有力的信用支持。全年累计贴现发生额为13.51万亿元，比2007年增长33.6%。市场资金充裕，银行持票意愿增强，票据二级市场贴现交投活跃，为企业和金融机构提供了有力的融资支持。

**3. 票据市场区域特征明显**

2008年第一季度，经济比较发达区域企业信贷需求旺盛，商业银行信贷规模供求矛盾突出，商业银行为增加可用贷款规模压缩票据业务。第二季度，传统票源地和票据流入省份票据融资规模有所增加，但在贷款规模需求旺盛的省份，票据融资规模依然大幅低于年初水平。第三季度开始，各区域票据市场均对宏观政策调整作出积极反应，传统票源集中区域规模扩张尤其迅速。

**4. 票据市场风险防控体系日渐完善**

2008年，商业银行票据业务风险防控标准趋于统一，票据业务风险管理技术交流进一步加强，部分票据业务量大的商业银行逐步构建起贯穿票据业务全程的风险控制流程。多家商业银行通过优化质量管理体系，加强流程控制，达到规范化经营、精细化管理、标准化操作的要求，进一步树立票据风险防控行业规范。商业银行票据业务风险防控和内控机制日趋成熟、完善，全年没有伪票、假票大案发生。

**5. 票据市场创新成效显著**

票据理财产品的悄然兴起是2008年最令市场关注的票据市场创新之一。票据理财产品主要优势在于流动性强、风险较低、收益相对较高。市场上既有的票据理财产品均为银行与信托公司合作推出的票据资产集合资金信托计划。银行与信托公司合作成立一个特定的集合资金信托计划，银行作为委托方和受益人，将已经贴现的银行承兑汇票或保贴的商业汇票等票据资产所对应的权利，以约定的利率转让给特定的信托计划，以该信托计划为依托，银行向投资者发行理财产品，将募集到的资金专项用于投资该信托计划。在基础型产品之外，市场上还出现了结构型和链接型票据理财产品。

2008年8月，兴业银行与深圳发展银行上海分行签署了首单以Shibor为参考利率的远期银行承兑汇票回购协议，这是首笔以Shibor为基准的票据远期交易。票据远期交易的出现有利于提高商业银行金融产品定价的灵活性，也有利于商业银行票据业务风险管理能力进一步增强。

## （三）票据市场发展展望

**1. 票据交易市场规模有望大幅上升**

为应对国际经济环境变化，中央经济工作会议把保持经济平稳较快发展作为2009年经济工作首要任务，把扩大内需作为保增长的根本途径。各项“扩内需、保增长”政策的实施，将为票据市场发展创造巨大的市场空间和潜在的业务机会。预计2009年票据市场包括累计承兑和累计贴现在内的票据业务发生量有望增长18%以上。

**2. 票据市场利率将低位运行**

一是2009年适度宽松的货币政策有利于商业银行降低资金成本，这为票据市场利率低位运行提供了客观条件；二是信贷总量政策取向改变引发票据市场的扩张需求，银行对于票据资产的配置需求趋于上升，导致利率有可能进一步下行。

**3. 票据市场差异化竞争强化**

一是城市商业银行和农村信用社等中小金融机构因资金实力和客户资源限制，在2008年下半年即着力开展票据承兑业务，2009年仍将成为票据一级市场的主要出票方。二是部分资本充足率不高的股份制银行因资本监管约束，无法大量放贷，也会考虑为客户承兑票据，争夺客户票源的竞争将更激烈。三是大型商业银行资金较为宽松，出于信贷规模和资产盈利两方面的考虑，持票意愿较强，倾向于采用利率相对较高的买断式转贴现交易。四是部分资金较为富余的中小金融机构也会采取持票经营策略。整体而言，票据市场参与者在既有差异化竞争的格局下，各个环节的市场竞争将更加激烈，票据业务的盈利空间可能因竞争而收窄，市场效率提高。

**4. 票据市场需求结构性变化孕育更多的创新机遇**

随着国内经济形势的变化，属于产业链上端的钢铁、煤炭、电力等行业，因需求变化，可能会在产品销售中更多地接受下游加工企业的票据结算，相应带来更多的票据融资服务需求。商业银行利用票据融资嵌入产业链核心客户上下游交易，从而融入企业贸易融资业务发展的模式，将得到越来越多的应用机会。需求结构的变化为票据市场产品创新、服务创新和经营模式创新提供了更多的空间和机遇。

## 专题一　商业承兑汇票转贴现标准合同文本建设

2008年11月14日，在首届长江三角洲地区票据联席会议上，苏、浙、沪三地62家金融机构正式签署备忘录，约定使用商业承兑汇票转贴现标准合同文本。这是继2007年11月上海市票据业务联席会议29家成员单位正式签署并约定使用银行承兑汇票转贴现标准合同文本之后，规范票据市场发展、推动票据业务创新的又一重要举措，对完善票据市场基础设施和制度建设产生积极影响，标志着票据市场标准化建设再次取得重要进展。

### 一、商业承兑汇票转贴现标准合同文本推出的背景

中国人民银行近几年出台了一系列保障票据市场规范运行、促进票据业务健康发展的政策措施。2005年9月，中国人民银行出台《关于完善票据业务制度有关问题的通知》，增强票据的融资功能，便利票据流通。2006年11月，中国人民银行发布《关于促进商业承兑汇票业务发展的指导意见》，引导和鼓励商业信用有序发展，进一步发挥商业承兑汇票对社会经济发展的促进作用。2008年12月，中国人民银行下发了《关于完善再贴现业务管理，支持扩大"三农"和中小企业融资的通知》，进一步落实中央经济工作会议精神，实施适度宽松的货币政策，支持增加"三农"信贷投放，扩大中小企业融资，促进改善融资结构和融资方式。

在政策支持和引导下，近年来商业承兑汇票业务快速发展，票据创新不断推进，票据成为企业支付和融资的重要工具。截至2008年12月末，全国银行承兑汇票未到期余额已达3.2万亿元，贴现余额达1.9万亿元。2008年，企业累计签发商业承兑汇票7.09万亿元，金融机构累计贴现13.5万亿元，较上年分别增长20.7%和33.6%。票据市场作为我国货币市场的重要组成部分，其作用引起各类参与者广泛关注。

随着票据业务快速发展，票据转贴现成为票据流通和金融机构间资金融通的重要方式。票据转贴现市场主体逐渐由国有商业银行扩展到股份制商业银行和中小金融机构，大部分外资银行和企业集团财务公司也参与其中。由于票据转贴现市场缺乏统一的交易规则和统一的交易标准，不同类型、不同需求、不同资金实力的金融机构在票据市场交易中

往往各自为战，市场交易成本较高。在票据转贴现交易中，由于金融机构交易合同文本不统一，合同条款以及双方权利义务的安排需要双方法律部门、合规部门进行多重审核，增加了交易成本，降低了市场效率。市场参与者日趋多元化、信用等级差异加大、交易合同标准不一，容易产生操作风险和违规行为。同时，由于各参与机构资金实力和市场地位存在差异，交易中难免出现不公平竞争。这些情况制约了票据转贴现业务的进一步发展，影响了票据的流动性。因此，金融机构对统一转贴现交易规则和交易标准，研究推出标准化的、统一的转贴现交易合同文本呼声很高。

## 二、商业承兑汇票转贴现标准合同文本的推出

为了进一步加强票据市场基础设施建设，提高市场运行效率，适应市场需求，中国人民银行上海总部2007年以银行承兑汇票为突破口，组织中国工商银行票据营业部、中国农业银行票据营业部、交通银行等机构起草了“银行承兑汇票转贴现合同”和“银行承兑汇票回购合同”两个标准文本。经过多次讨论、修改，并征求各金融机构总行（总公司）意见，银行承兑汇票转贴现标准合同文本于2007年11月在上海市票据业务联席会议成员单位中正式签署应用。截至2008年12月，仅上海地区金融机构使用银行承兑汇票转贴现标准合同文本达成的票据交易量近5 400亿元，该标准合同文本已在上海金融机构票据交易中得到了广泛应用。

2008年，为积极落实苏、浙、沪三地政府与中国人民银行签署的《推进长江三角洲地区金融协调发展支持区域经济一体化框架协议》，进一步推进长江三角洲地区金融市场协调发展。中国人民银行上海总部与南京分行、杭州中心支行相互配合，在苏、浙两省大力推广银行承兑汇票转贴现标准合同文本。该标准合同文本受到金融机构普遍欢迎，成为长江三角洲地区票据市场的通用合同文本，有力地促进了长江三角洲地区票据市场协调发展的进程。随着票据业务扩大，该标准合同文本的使用范围已突破长江三角洲地区，延伸至全国。上海市的抽样调查数据表明，在使用该标准合同文本达成的票据交易中，约60%的交易量来自长江三角洲以外地区。

在银行承兑汇票转贴现标准合同文本在长江三角洲地区普遍应用的同时，中国人民银行上海总部牵头金融机构积极研究制定商业承兑汇票转贴现标准合同文本，组成了包括多家票据专营机构和主要商业银行的合同起草小组。合同起草小组按照“充分论证、兼顾各方、严谨务实”的原则进行起草工作，在银行承兑汇票转贴现标准合同的基础上，针对商业承兑汇票业务的特殊性，形成了商业承兑汇票转贴现标准合同文本。2008年11月，在上海召开的首届长江三角洲地区票据业务联席会议上，苏、浙、沪三地共62家金融机构共同签署了备忘录，承诺使用商业承兑汇票转贴现标准合同开展相关交易。商业承兑汇票转贴现标准合同文本在长江三角洲地区正式推出。

标准合同文本按转贴现标的不同，

分为银行承兑汇票转贴现标准合同文本和商业承兑汇票转贴现标准合同文本两类。两类标准合同文本又按照转贴现的具体方式不同分别包括两个文本，即针对买断式转贴现业务的“转贴现合同”和针对回购式转贴现业务的“回购合同”。每个标准合同文本均含9项条款，对票据交易双方的权利义务进行了相应规范。由此形成了一套适用于金融机构商业承兑汇票转贴现交易的系统的、完整的、标准化的交易合同文本体系。

### 三、商业承兑汇票转贴现标准合同文本推出的意义

银行承兑汇票转贴现标准合同文本和商业承兑汇票转贴现标准合同文本的推出，对票据市场进一步规范发展发挥了重要作用。首先，这一举措顺应了市场发展的需要，提高了票据交易的标准化程度，进一步提高了票据市场交易效率，有利于充分发挥票据市场的功能，支持实体经济发展。其次，进一步健全了票据市场的基础设施和制度体系，完善了票据市场交易规则，使票据业务制度体系更加完备，规范了票据业务的开展，有利于切实防范票据市场风险。最后，有力地推动了上海以及长江三角洲地区票据流通市场的快速发展，强化长江三角洲地区票据市场在全国的龙头地位和辐射作用，有利于上海国际金融中心建设。随着商业承兑汇票转贴现标准合同文本进一步推广使用，有望提升整个票据市场的运行效率，充分发挥票据市场的投融资功能。

# 第三章　债券市场

## 一、债券发行市场：信用类债券发行量明显增加

### （一）债券发行和托管的基本情况

2008 年，债券市场累计发行各类债券达 7.15 万亿元，比 2007 年减少 11%。其中，银行间债券市场发行债券达 7.07 万亿元，比 2007 年减少 12%；交易所债券市场发行债券 789.9 亿元，比 2007 年增加 68%。需要特别说明的是，2007 年曾经发行 1.55 万亿元特别国债，除此以外，大多数债券品种 2008 年的发行量均有不同程度的增加。

截至 2008 年年末，债券市场总托管量为 15.1 万亿元，比 2007 年增长 22%。其中，银行间债券市场托管量为 14.8 万亿元，比 2007 年增长 23%；交易所债券市场托管量为 3 009 亿元，比 2007 年减少 7%。

### （二）债券发行的主要特点

**1．信用类债券发行量明显增加**

2008 年，在金融债券、资产支持证券、短期融资券、企业债券等信用类债券扩大发行的同时，银行间市场引入非金融企业注册发行中期票据，进一步拓宽了企业直接融资渠道，丰富了信用类债券品种。2008 年，共有两家商业银行发行一般性金融债券 250 亿元；共有 11 家商业银行累计发行次级债券 724 亿元，比 2007 年增长 115%；资产证券化试点机构范围扩大，包括商业银行、汽车金融公司、资产管理公司等在内的 8 家机构发行资产支持证券 302 亿元，比 2007 年增长 70%；企业债发行 2 367 亿元，比 2007 年增长 37%；短期融资券累计发行 4 298.5 亿元,比 2007 年增长 29%；中期票据累计发行 1 672 亿元。

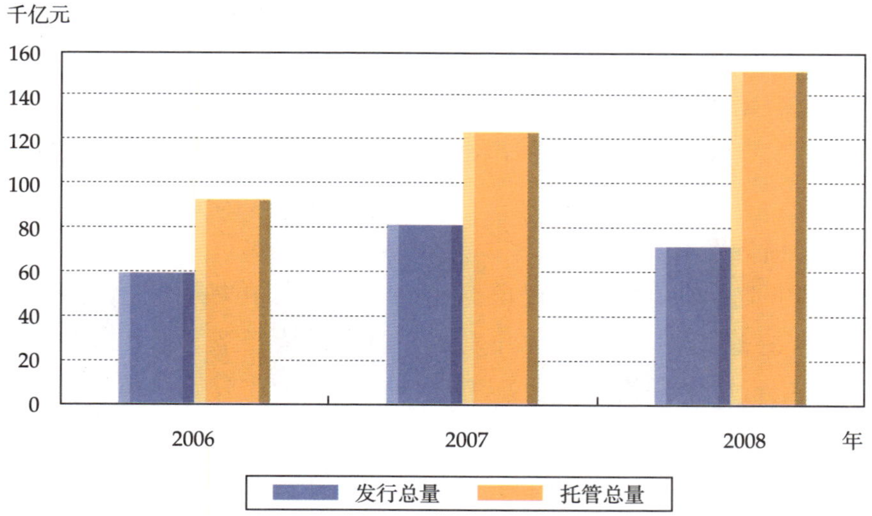


数据来源：中央国债登记结算有限责任公司。

图3–1　近年来债券发行和托管变化趋势

**2. 债券发行期限缩短**

2008 年，3 年期以内债券发行量占债券发行总量的 78%，比 2007 年提高了 14 个百分点。其中，1 年期以下债券发行量比 2007 年增长了 16%，而 10 年期以上的债券发行量比 2007 年减少了 16%。

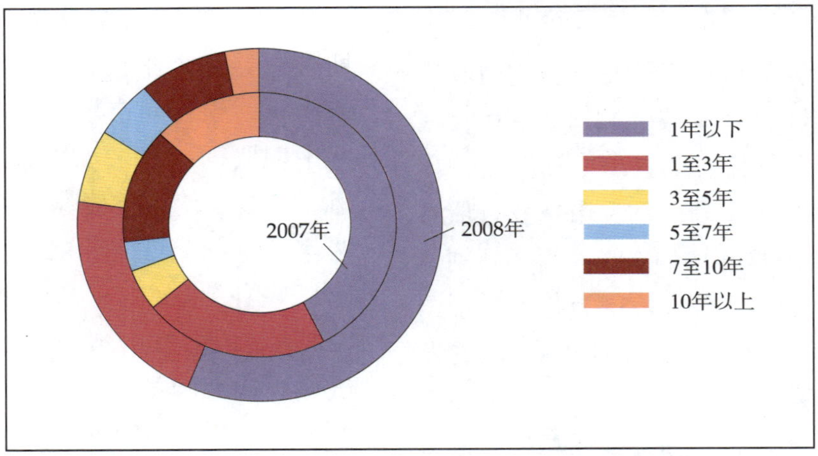


数据来源：中央国债登记结算有限责任公司。

**图3-2 2007年和2008年债券发行期限结构对比**

**3. 非银行金融机构债券持有量增加**

截至 2008 年年末，证券公司和基金持债规模增长最多，分别比 2007 年年末增长了 197% 和 130%。保险类机构持债量占债券市场存量的 9.25%，比 2007 年年末增加了 1.69 个百分点。

**4. 香港人民币债券发行扩大**

2008 年，经国务院批准，香港人民币债券发行规模和机构的范围扩大。国家开发银行、中国进出口银行、中国银行以及新增的中国建设银行和交通银行获准赴港发行债券，总发行额度为 150 亿元，比 2007 年增加 50 亿元。香港市场对人民币债券发行反应积极，投资者认购数量接近债券发行规模的 5 倍。

## 二、债券交易市场：市场指数呈现大幅上扬

### （一）债券交易基本情况

2008 年，银行间债券市场交易量为 40.83 万亿元，日均成交 1 633 亿元，比 2007 年增长 146%；交易所债券交易市场交易量 4 294.71 亿元，日均成交 17.18 亿元，比 2007 年增长 109%。

截至 2008 年年末，中债综合指数（财富指数）收于 132.03 点，比 2007 年年末上涨 12%。债券指数的快速上升期是 2008 年下半年，尤其是美国次贷危机逐步演化为全球性金融危机之后，中央果断将宏观调控的首要任务调整为保持经济平稳、较快发展，实施较为宽松的货币政策后，市场整体流动性充裕，利率水平下降较多，债券指数大幅攀升。

与债券指数上升相对应，债券收益率曲线大幅下移。2008 年年末与年初相比，银行间国债收益率曲线平均下移 206 个基点，银行间金融债券收益率曲线平均下移 230 个基

点。由于短期债券收益率下降幅度大于中长期债券收益率下降幅度，收益率曲线陡峭化。以银行间市场国债为例，截至2008年年末，1年期国债收益率比年初下降248个基点，10年期国债收益率比年初下降164个基点，利差扩大84个基点。10年期政策性金融债券收益率与1年期政策性债券收益率之差扩大100个基点。

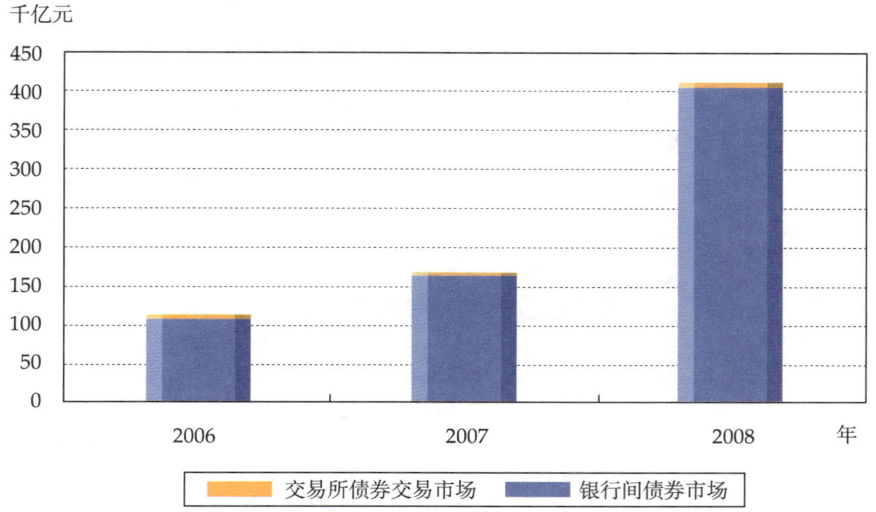


数据来源：中央国债登记结算有限责任公司。

图3-3 近年来债券市场交易对比图

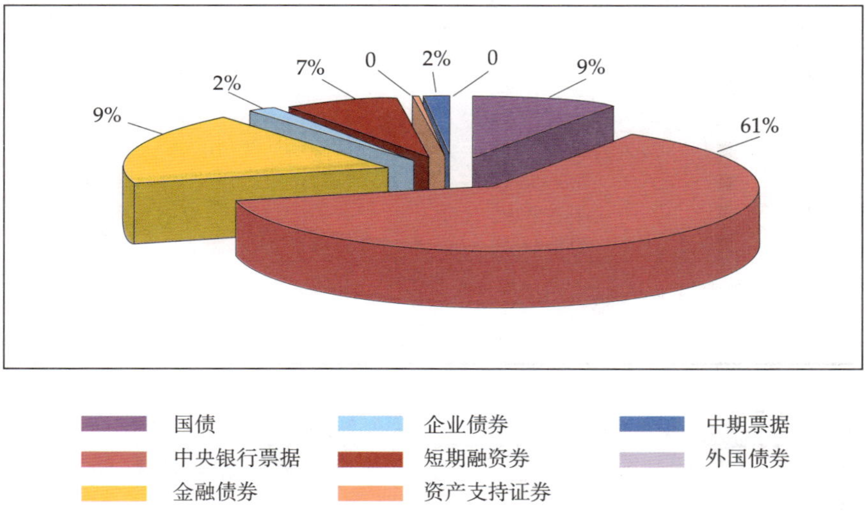


数据来源：中央国债登记结算有限责任公司。

图3-4 2008年债券市场交易分布图

数据来源：中央国债登记结算有限责任公司。

**图3-5 2008年中债综合指数变化**

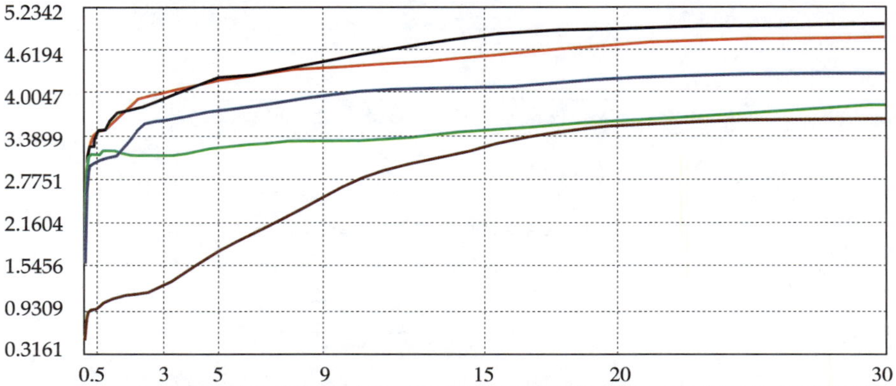


| 颜色 | 日期 | 待偿期限（年） | 收益率 |
|---|---|---|---|
| ■ | 2008-01-04 | 3.0 | 4.0328 |
| ■ | 2008-03-31 | 3.0 | 3.6443 |
| ■ | 2008-08-11 | 3.0 | 3.9507 |
| ■ | 2008-10-08 | 3.0 | 3.1285 |
| ■ | 2008-12-30 | 3.0 | 1.3128 |

数据来源：中央国债登记结算有限责任公司。

**图3-6 2008年国债收益率曲线变化**

## （二）债券交易的主要特点

### 1. 信用类债券交易活跃

2008 年，银行间债券市场现券交易平均周转率为 294%，其中，周转率最高的两个债券品种是短期融资券和中央银行票据，其平均周转率分别为 687% 和 594%。2008 年，交易量增长最快的券种是资产支持证券，比 2007 年增长 1 742%。

### 2. 做市商功能有所提升

截至 2008 年年末，债券市场有做市商 20 家，构成了债券市场交易最为活跃的群体。自 2007 年 1 月发布《全国银行间债券市场做市商管理规定》以来，中国人民银行积极促成交易费用、信息获取等方面对做市商的政策支持，指导交易商协会发布《做市商工作

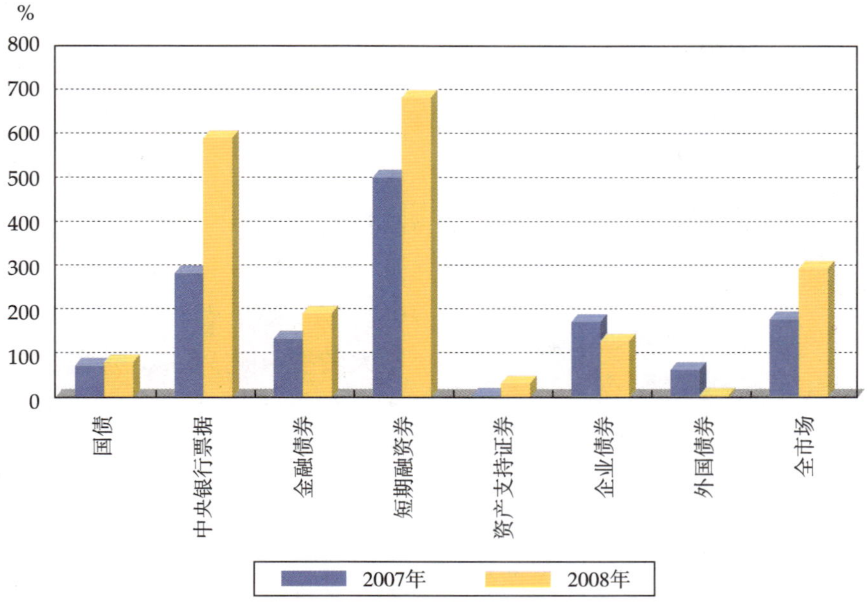


数据来源：中央国债登记结算有限责任公司。

**图3-7 2007年、2008年主要券种平均周转率比较**

指引》，建立做市商考核与评价体系。做市商在债券市场的基础性作用得到提升。2008年做市商双边报价量比2007年增长117%，通过双边报价达成的交易量比2007年增长249%，对提高市场流动性和促进价格发现起了积极作用。

**3. 投资类型多元化**

截至2008年年末，银行间债券市场参与者达8 299家，比2007年增加17%。新增开户机构包括741家企业、365家基金、39家信用社、33家银行、15家保险机构、12家非银行金融机构、5家证券公司。2008年4月和12月，中国人民银行先后发布《关于保险机构以产品名义开立债券托管账户有关事项的通知》（银发[2008]122号）和《中国人民银行公告》（[2008]第22号），将保险机构产品、信托产品等集合投资者引入银行间债券市场。截至2008年年末，已有2只保险机构产品和79只信托产品在中央国债登记结算有限责任公司开立了债券托管账户。市场参与者类型进一步丰富，逐渐形成以做市商为核心、金融机构为主体、其他机构投资者共同参与的分层有序的市场结构。

**4. 债券柜台交易试点范围扩大**

2008年，债券柜台交易运行平稳，新增招商银行、中国民生银行、北京银行、南京银行4家试点银行，试点银行总数达到8家。柜台交易的国债数量达到46只，比2007年增加13只，覆盖了从1年期到15年期的所有关键期限的国债品种。2008年国债柜台交易累计成交30.4亿元，比2007年减少15%。

## 三、债券市场制度建设

### （一）银行间债券市场全面实现券款对付结算方式

券款对付（Delivery Versus Payment, DVP）结算是指证券和资金同步交收、互为条件的一种结算方式。2008年7月，中国人民银行发布了《关于非银行机构开展券款对付结算的公告》(中国人民银行公告[2008]第12号),对非银行机构券款对付结算的具体路径和相关制度作出安排,并在总结商业银行券款对付结算实践经验的基础上,对银行间债券市场的券款对付结算进行全面规范。这是继2004年11月实现商业银行券款对付结算之后,债券市场基础设施建设的又一个重大进展,标志着我国银行间债券市场的券款对付结算全面实现。新的券款对付结算安排极大地提高了结算效率,降低了结算风险,为我国债券市场的高效、安全运作提供了可靠的技术支撑。2008年,银行间债券市场结算量共计101.32万亿元,其中,通过券款对付结算方式的结算量为60.64万亿元,约占结算总量的60%。

### (二)债券市场信息系统建设取得明显进展

2008年,市场中介机构加大信息化建设力度,努力提升信息系统功能。中国外汇交易中心自主开发了"中国银行间市场数据交换标准"(IMIX),启动以"中国外汇交易中心市场数据服务系统"(CMDS)为主要载体的信息服务平台建设。2008年,已完成CMDS外汇市场部分的开发和上线,并着手本币市场部分的开发。中央国债登记结算有限责任公司不断完善中债收益率曲线和中债指数编制,提高债券估值质量,年内新增无合格担保企业债、浮动利率资产支持证券、中短期票据等多条中债收益率曲线,推出中债—货币市场可投资债券指数、中债—国开行债券总指数、中债—短融AA指数等多只中债指数,并对收益率曲线、估值和指数编制系统实现了升级。

### (三)加强银行间债券市场的自律管理

2008年4月,中国人民银行发布《银行间债券市场非金融企业债务融资工具管理办法》(中国人民银行令[2008]第1号),明确中国银行间市场交易商协会(以下简称交易商协会)对债务融资工具的发行和交易实施自律管理,标志着银行间债券市场管理方式的重大转变。此后,交易商协会陆续发布了非金融企业债务融资工具《注册规则》、《信息披露规则》、《中介服务规则》和《募集说明书指引》、《尽职调查指引》、《短期融资券业务指引》、《中期票据业务指引》等一系列自律性文件,建立了非金融企业债务融资工具发行的注册机制。

2008年10月,中国人民银行同意交易商协会继续接受中期票据发行注册,优先接受大型权重股上市公司中期票据注册,允许上市公司使用发行中期票据所募集的资金按照国家有关规定回购本公司股份,优先接受煤、电、油、运等国民经济基础行业中的主要企业发行中期票据的注册报告,充分发挥债券市场的融资功能,稳定资本市场,促进经济平稳、较快增长。截至2008年年末,交易商协会共召开33次注册会议,接受158家企业的债务融资工具发行注册,注册总额度为8 117.52亿元。

## 四、债券市场发展展望

### (一)强化债券登记托管结算管理

为加强债券市场基础性制度建设,2008年,中国人民银行在总结银行间债券市场实践经验的基础上,吸收国内相关立法精神,借鉴国际经验,起草了《银行间债券市场债券登记托管结算管理办法》。该办法将进一步强化和完善银行间债券市场登记托管结算制度框架，对于规范银行间债券市场登记托管结算业务、保护投资者利益、促进债券市场功能发挥将起到积极的作用。该办法已于2009年以中国人民银行令的形式颁布实施。

### (二)市场债券供给规模持续增长，债券品种有望得以丰富

2009年，在国际经济形势依然严峻的背景下，通过外需拉动国内经济增长的预期效果有限，要保证我国经济在8%的水平上的增长速度，势必依靠政府投资和启动内需消费两大手段。可以预见，2009年财政政策将延续2008年年末确定的从稳健转为积极的调整势头，成为刺激经济增长的主导性手段。在积极的财政政策的主基调下，2009年财政支出力度将继续加大，以及代地方发行2 000亿元债券，这同时意味着2009年政府债券发行量将在覆盖全年到期兑付额的基础上进一步扩大。同时，政策性银行债发行规模也会继续增长。另外，大力发展债券市场、积极发展债务融资工具、拓宽企业融资渠道既是国务院有关金融支持经济发展措施的明确要求，也是满足各类金融企业和非金融企业补充资本金或是日常经营性融资需求的客观需要，特别是受到2008年国际金融危机的影响，2009年金融机构风险意识会更为强化，其他非金融企业多渠道、低成本融资的要求也会更加强烈，所以包括商业银行普通金融债、次级债和企业债、短期融资券、中期票据等在内的信用债规模也有望大幅扩容，新的信用类债券品种也可能出现。债券市场的交易品种将更加丰富，投资者资产负债管理、流动性管理的手段将更加灵活。不过，作为中央银行回笼流动性的主要工具，2009年中央银行票据的发行量可能会因为实施适度宽松的货币政策，保证国内经济体系流动性的需要而相对减少，但考虑到全年的到期兑付情况，其总体上仍将保持一定规模。总之，可以预计债券供给规模将持续增长，市场规模将进一步扩大。

### (三)市场资金供给状况更加充裕，市场主体类型和数量继续扩大

2009年，国内外宏观环境变化的趋势业已形成，短期内尚看不到扭转的迹象，出于政策连续性的要求，货币政策可能在全年相当长的时期内保持适度宽松，这决定了2009年市场流动性总体宽裕的局面。商业银行作为银行间债券市场资金面的主导力量，在国内居民储蓄习惯没有根本改变和2009年贷款风险加大的情况下，尽管有着众多刺激和鼓励其放款的政策措施，其资产配置状况在2009年不会产生太大的变化，用于债券市场的投资资金仍相当充裕。值得注意的是，从2008年开始，非金融机构参与银行间债券市场的热情逐渐升温，包括信托计划、社保基金、证券投资者保护基金等在2008年已通过专门账户的形式进入银行间债券市场投资，预计理财产品等资产管理类产品也会陆续参与债券市场投资，债券市场参与者类型和数量有望不断增长。这既为债券市场投资提供了新的源源不断的资金力量，也有利于市场形成多样化的风险偏好，以更好的管理和分散风险。

### (四)市场收益率水平保持稳定，信用类债券利差呈现分化

经过2008年连续五次减息，2009年年初我国的利率已经达到20世纪90年代以来的

最低水平，尽管仍明显高于其他欧美国家的利率，但在国内经济形势不发生急剧变化的状况下，未来我国货币政策保持平稳的可能性较大，再次大幅下调利率的空间有限。所以，在前述市场供求两方面影响因素比较平衡的局面下，2009年债券市场收益率曲线会有短长端结构性变化，但整体收益率水平的波动空间有限。另外，由于市场风险意识的加强，投资者对债券发行主体信用状况的敏感程度将不断提高，信用类债券的利差分化的趋势将越发显著。

### （五）新一代本币交易系统建设将取得阶段性成果

中国外汇交易中心以市场需求为驱动力，兼顾利率改革和产品创新的需要，正在设计开发新一代本币交易系统。新系统是一个支持多市场、多交易模式，现货与衍生产品一体化的交易平台，除提供询价交易方式外，还提供债券市场做市等其他交易模式，为引入差异化交易模式奠定技术基础。目前，一期建设已完成整体架构搭建和编码工作，转入测试和培训阶段，与之配套的交易风险监测控制系统、即时通信平台等外围辅助系统也在同步开发之中。

## 专题二 中国中期票据市场的建立与发展

中期票据于20世纪70年代起源于美国，80年代在欧洲起步发展，目前，中期票据市场已成为美国、欧洲以及新兴经济体债券市场的重要组成部分。2008年4月，交易商协会在银行间债券市场推出中期票据，标志着中国中期票据市场的建立，中期票据成为服务于非金融企业直接债务融资的又一个重要工具。中国中期票据市场的建立是中国债券市场的又一次重大的变革，将对中国金融市场全面协调发展产生深远影响。

### 一、美欧中期票据市场发展概况

中期票据（Medium Term Notes，MTN）是指期限在短期票据和长期票据之间的债务融资票据。中期票据发行通常采用注册的方式，即由发行人向监管机构一次性注册在未来一定期限内预计发行的总额度，然后在注册的期限和额度内，根据市场情况，自主决定每次发行的时间、规模和价格。中期票据特有的发行机制，使中期票据具有很大的灵活性。

中期票据是20世纪70年代初，美国的汽车金融公司为解决自身资产和负债期限结构不匹配而创新的产品。最初，汽车金融公司只能发行商业票据进行融资。由于美国证券监管法律制度的规定，商业票据的期限通常不超过270天，而汽车金融公司发放的汽车消费贷款期限通常在2～5年，汽车金融公司的资产与负债存在期限结构不匹配的问题，经营风险较大。为弥补资产与负债之间的期限缺口，汽车金融公司开始发行中期票据，以解决中期资金来源。

制度性变革奠定了美国中期票据市场的发展基础。1982年3月，美国证监会在《1933年证券法案》(*Securities Act of 1933*)下制定了"415规则"，并于1983年11月正式颁布。根据"415规则"，公司可以采用注册的方式向美国证监会申请未来预计发行的证券的总额度，然后根据市场情况以及公司需求在市场上择机发行，即所谓"搁架注册制"(Shelf Registration)。"415规则"颁布前，发行人每次发行债券都必须向美国证监会提供多达32项的申请材料。由于准备申请材料时间较长，在材料准备期间可能已经失去有利的融资时机，"415规则"的颁布为发行人在注册额度内持续进行债券发行提供了明确的法律依据，简化了公司融资流程，有利于公司抓住市场有利时机进行融资。1994年8月、2005年8月和2008年1月，美国证监会先后对"415规则"进行修订，目前，中期票据注册的有效期为3年。美国证券监管法律的制度性变革促进了美国中期票据市场的发展。

中期票据市场的发展不仅得益于发行监管的便利化，而且有赖于二级市场的成熟。中期票据市场建立初期，发行量小、市场交易不活跃、二级市场缺乏流动性，投资者购买时都要求较高的流动性溢价，因此，中期票据的发行利率大多数情况下高于滚动发行商业票据或直接发行公司债的利率水平。由于成本较高，20世纪70年代仅有少数几家公司发行中期票据。截至1981年，美国中期票据市场的余额仅有8亿美元。流动性的缺乏严重制约了中期票据市场的发展壮大。为提高二级市场流动性，美林公司创新了中期票据的做市商交易模式，专设中期票据交易台，将自有资金投入中期票据市场做市业务，从而活跃了二级市场，由此推动中期票据市场的快速扩大和成熟。截至2006年年末，美国中期票据市场存量已达到8 697亿美元，发行人数量达到389家。

美国发行中期票据的公司一直有着较高的信用评级。20世纪90年代以来，中期票据在美国投资级企业债券余额中的份额稳定在15%～25%。2006年，投资级（BBB级以上）中期票据的发行量占总发行量的比重达到97%。

美国中期票据的发行人以金融企业为主，包括汽车金融公司、银行控股公司、商业与消费信贷机构以及证券经纪机构；非金融企业发行人包括公用事业公司、电话公司、制造业企业、商业服务企业以及商业批发零售企业。截至2006年年末，金融企业中期票据余额占比为近90%。

欧洲中期票据市场最早出现于1986年。虽然起步比美国晚，但发展速度毫不逊色。欧洲中期票据的余额在1990年尚不足100亿美元，到2006年年末达到6 500亿美元、1 400余只。同美国中期票据市场类似，在欧洲中期票据市场上，投资级中期票据约占市场份额的90%，金融企业发行人占比超过70%。

近年来，欧洲中期票据市场创新活跃。在欧洲中期票据市场中，政府代理机构、非金融企业发行的低风险票据占比扩大，担保方式、付息频率、付息类型日趋多样化，特别是在金融产品设计、证券发行募集方式、中期票据销售形式上，出现很多创新。这些因素共同促进了欧洲中期票据市场的繁荣发展。

## 二、中期票据市场在中国的建立

2008年4月初，中国人民银行颁布《银行间债券市场非金融企业债务融资工具管理办法》，对银行间市场的非金融企业发行债务融资工具进行了框架性和原则性的规范。该办法明确规定，由交易商协会负责对债务融资工具进行注册，并对债务融资工具的发行与交易实施自律管理。同月15日，交易商协会发布《非金融企业债务融资工具注册规则》等三项规则和《银行间债券市场非金融企业债务融资工具募集说明书指引》等四项指引，正式在全国银行间债券市场推出中期票据，并接受了铁道部、中国电信、中化集团、五矿集团、中核集团、中粮集团等7家发行人的注册，注册总额度为1 190亿元，首期发行392亿元。

中期票据市场建立之后发展迅速，到2008年6月20日，注册发行额度已达1 677亿元，累计发行735亿元。其后，中期票据注册工作因故暂停。2008年9月，美国次贷危机爆发，并演变成全球性金融危机，国际经济环境急转直下，国内经济困难明显增加。为应对形势变化，经中国人民银行同意，交易商协会从10月6日起继续接受中期票据的发行注册，中期票据市场随即快速发展。截至2008年年末，中期票据注册额度为3 511亿元，累计发行1 672亿元。中期票据二级市场交易活跃，在市场建立的9个月中，累计成交5 892笔，交易量为6 040亿元，平均周转率为723%，是银行间债券市场流动性最强的品种之一。

## 三、建立中期票据市场的意义

经过十年的建设，我国债券市场取得长足的发展。但是，我国的债券市场还存在着可供交易的产品种类不多、交易工具主体信用和期限结构不合理的现象。建立中国的中期票据市场，一方面为企业提供了新的融资渠道，另一方面为投资者提供了新的投资工具，有助于信用风险的市场化定价和完善货币政策市场化传导机制。中期票据的出现在推动我国企业信用类债券市场发展的同时，对我国金融市场乃至金融体系的深化改革和发展将产生积极作用。

一是有利于拓宽企业直接融资渠道。由于历史原因，中国企业的直接融资一直受到严格管制，现有的一些企业债券融资工具审批周期长、条件限制多、审核程序严。2005年建立短期融资券市场后，虽然发行便利度提高，但其期限不超过1年，因此，企业的中长期资金需求仍过度依赖银行贷款等间接融资工具。建立中期票据市场并采用高度市场化的“发行注册制”，有效拓宽了企业的直接融资渠道，为企业利用金融市场解决中长期资金需求提供了有效手段。

二是有利于完善债券市场信用结构和期限结构。中国债券市场长期存在着信用结构和期限结构发展不均衡的问题。政府债和准政府债比重过高，企业信用类债券（不含金融债券）占比不足10%；短期债券比重偏高，3年期限以上债券存量仅占总托管量的30%。债券市场的既有格局使投资者资产配置需求无法得到满足。中期票据是面向非金融企业的债务工具，期限一般在3～10年，它一方面使得企业可以使用此工具对中长期项目进行融资，另一方面也满足资金提供机构对于债券期限和信用结构的需求。

三是有利于形成信用风险的市场化定价机制。由于企业信用类债券的匮乏以及期限结构的不均衡，使得信用利差曲线难以形成，债券市场的信用利差确定缺乏市场基础，造成金融市场信用风险定价能力弱化，商业银行贷款利率的市场化参照系难以形成，削弱了中央银行货币政策的市场化传导机制。中期票据市场的建立，将为基准利率体系的形成和货币政策的有效传导作出贡献。

四是有利于分散银行体系风险。长期以来，我国企业过度依赖银行贷款等间接融资工具，直接融资发展滞后且结构失衡。企业直接融资工具主要是股票，企业债务融资的比重仅占直接融资的5%左右，限制了多层次资本市场的形成，降低了资金配置的效率。成熟市场经济国家的经验表明，债券市场融资规模远高于股票市场融资规模。建立中期票据市场将在一定程度上平衡企业直接债务融资、股权融资和信贷融资等融资渠道之间的关系，有利于降低信贷融资比例，整体降低银行体系潜在风险，减轻股权融资压力，达到债务融资和股权融资相对平衡。

五是有利于提高金融机构经营水平。建立中期票据市场将扩大我国金融机构在证券承销、财务顾问等方面的中间业务收入，降低利息收入在银行总收入的占比，提高我国金融机构的抗风险能力。中期票据承销工作要求承销机构的市场反应更为灵敏，需要根据客户需求和市场变化及时对中期票据进行创新。建立中期票据市场有助于提高我国金融机构包括产品设计能力在内的各种经营服务能力。

六是有利于宏观调控和经济稳定。2008年10月，中期票据重新启动后，根据党中央、国务院关于扩大内需、应对危机、保持经济增长的一系列方针政策，明确主要针对经济运行中的突出矛盾，优先接收煤、电、油、运等国民经济基础行业中的主要企业和大型权重股上市公司、增持回购上市公司股票企业的发行注册报告。10～12月，共有19家企业累计注册1 984亿元、发行金额为937亿元，对国家宏观调控政策的落实和促进经济平稳、较快增长发挥了积极的作用。

随着国家以“保持经济平稳较快发展”为首要任务的宏观调控政策的实施，服务于企业直接融资、有利于优化产业结构的中期票据市场将迎来历史性发展机遇。中期票据发行规模有望在2009年大幅度增长。

## 专题三 债券市场券款对付结算机制建设

### 一、券款对付结算是高效、安全的证券结算方式

券款对付（Delivery Versus Payment, DVP）结算是指在结算日证券交割与资金支付同步进行并互为约束条件的一种结算方式，DVP结算的特点是结算双方交割风险对等。作为一种高效安全的结算方式，一直被视为证券托管结算系统应该实现的最重要功能之一，也是当今国际证券结算组织极力推荐的结算方式。

国际清算银行支付清算委员会与国际证券委员会组织（CPSS–IOSCO）2001年颁布了《证券结算系统推荐标准》。这是证券结算领域最具专业权威的文件。该推荐标准强调实现券款对付对于整个金融市场和对中央托管机构的重要性，在该推荐标准中明确提出："中央托管机构应通过证券交收和资金交付的对接，实现券款对付，消除本金风险"；"券款对付可以而且应该像用于证券二级市场交易一样，用于证券的发行与兑付。"此外，该推荐标准关于"结算资金"的部分又指出，在单一货币体系中，直接使用中央银行货币作为资金结算机构可以最大限度地降低支付的信用风险和流动性风险，因此使用中央银行货币进行DVP结算是确定性最强、效率最高的结算方式。但是，由于中央托管机构的成员并不一定有资格在中央银行拥有资金账户，因此，为实现使用中央银行货币进行DVP结算的目的，这些结算成员还必须通过在中央银行拥有资金账户的机构来间接使用中央银行货币进行DVP结算。

成熟市场经济国家证券市场的发展历程表明，通过中央托管机构及其结算账户提供DVP结算服务已成为各国证券市场的通行做法。在美国，美国托管公司（DTC）在美联储Fedwire系统开立资金账户，并在该资金账户下为其成员开立结算账户，以解决Fedwire系统不足以支持全部投资者进行DVP结算的需要。在日终进行DVP结算时，DTC透过开立在美联储的资金账户与成员开立在DTC的债券账户实现债券与资金的交付。结算过程中，成员的结算资金通过DTC在美联储的资金账户完成结算，但不在该账户上停留。此外，DTC还利用其资金账户支持发行承销市场的DVP结算服务。

在日本，JDCC是日本中央证券存托机构（JASDEC）的下属机构，专门为场外证券交易提供净额清算及DVP结算，是场外市场净额结算的中央对手方。JDCC在中央银行开立资金结算账户，并按DVP结算资金为成员设立明细账簿，JDCC的成员间接在中央银行开立资金账户。日终进行DVP结算时，JDCC首先检查付款方交存到JDCC开立在中央银行资金账户上的资金是否足额，对于资金足额的交易立即进行债券交割，并登记资金明细账户。DVP结算过程中，成员交存的结算资金需在JDCC的资金账户上停留。

### 二、中国债券市场DVP结算机制的建立

在中国人民银行的推动下，作为中国债券市场的主体的银行间债券市场于

2004年和2008年分两步建立了使用中央银行货币的DVP结算机制，实现了银行间债券市场全体参与者全额、逐笔、实时的DVP结算方式。

2004年11月，中国人民银行大额支付系统与中央国债登记结算有限责任公司债券综合业务系统实现联合运行，中央国债登记结算有限责任公司成为支付系统的特许参与者，在此基础上实现了银行间债券市场中银行机构间的债券交易DVP结算及债券付息兑付的DVP结算。这是我国债券市场借鉴国际成熟市场先进经验、向国际证券结算标准靠拢的关键性一步。但是，当时占市场机构总数80%的非银行机构仍然不能选用DVP结算方式，DVP结算的服务范围亟待扩大。围绕全面建立DVP结算机制的目标，中国人民银行制订了以中央国债登记结算有限责任公司和清算代理行代理非银行机构DVP结算的业务解决方案，2008年8月，非银行机构DVP结算业务全面开通。至此，银行间债券市场全面实现实时DVP结算，特别是为非银行机构在债券市场的债券交易结算行为提供了公平、对等的市场环境，使市场参与者享有DVP结算带来的高流动性、高效率、低风险服务。

### 三、DVP结算业务开展的现状及展望

2008年，银行间债券市场全年资金结算额为161.32万亿元，其中，通过DVP结算方式的资金结算额为97.88万亿元、DVP结算业务总笔数为30.66万笔，分别比2007年增长69%和66%，日均DVP结算金额为3 900多亿元。在非银行机构DVP结算业务开办的5个月中，非银行机构间开展DVP结算业务共计3 069笔、资金结算额为7 399.62亿元。DVP结算方式以其低风险、高效率的特点成为不同类型交易主体首选的结算方式。

DVP结算机制的全面建立是中国债券市场托管结算基础设施建设的重要里程碑，为市场的平稳有效运行夯实了基

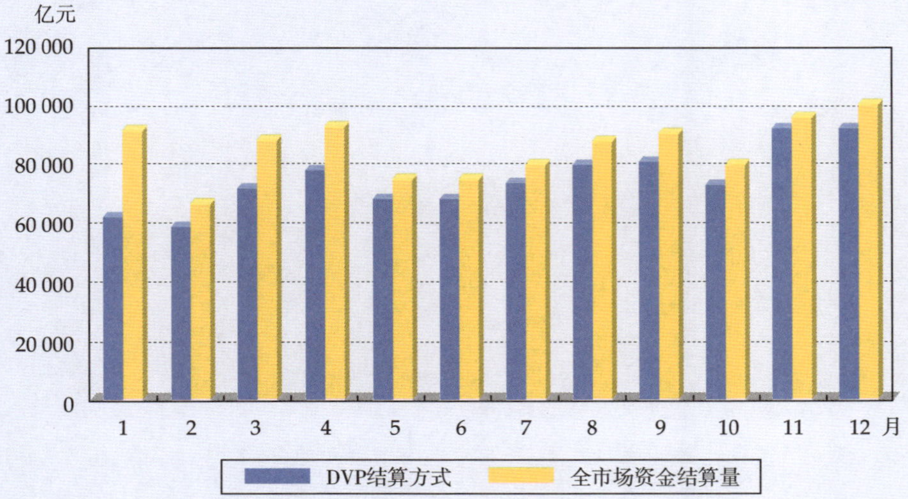


数据来源：中国债券信息网。

**图3-8 2008年银行间债券市场交易各月结算量**

**表3-1 2004～2008年DVP结算统计表**

单位：亿元、%

| 年份 | 全市场资金结算量 | DVP结算方式资金结算量 | DVP结算方式占比 |
|---|---|---|---|
| 2004 | 227 501.59 | 1 370.60 | 0.60 |
| 2005 | 394 972.32 | 131 257.29 | 33.23 |
| 2006 | 657 010.30 | 307 338.14 | 46.78 |
| 2007 | 1 094 156.49 | 579 009.12 | 52.92 |
| 2008 | 1 613 157.04 | 978 758.85 | 60.67 |

注：本表按资金结算业务口径统计，即一笔回购合同的首期结算金额和到期结算金额均纳入统计范围计算得出。
数据来源：中国债券信息网。

础。今后，应该充分利用DVP结算机制带来的安全、高效和便捷，为市场的发展和创新发挥更加积极的作用。一是要逐步将DVP结算机制拓展应用于债券发行承销环节。二是在DVP结算机制的支持下进行金融产品和服务创新。由于高效、安全的DVP结算机制的实现，金融资产的流动性提高，债券与现金转换更便捷、风险更低，从而为基于债券与现金快速转换的金融产品创新奠定了重要基础。

# 第四章　股票市场

2008年是中国证券市场非同寻常的一年。美国金融危机的爆发将欧美国家的经济全面拖向衰退，国际金融环境的巨大变化影响了我国宏观经济的运行，并导致股票市场在2008年呈现出快速单边下跌的态势，与国际股票市场的联动性大幅度提高。尽管如此，我国证券市场在多层次市场体系建设、证券公司制度体系建设和创新制度建设方面取得较大进展。从股票市场规模和结构的角度看，由于受宏观经济影响，2008年股票总市值占GDP的比重出现大幅下降，但流通市值占比有所提高，中小企业板块仍保持了较快发展；上市公司行业结构渐趋合理，上市公司地区结构与地区经济发展结构相适应；受市场行情和账户清理的影响，投资者开户数量有所减少，基金类的机构投资者发展较快；在对外开放方面，QFII制度和QDII制度都得到了稳步推进。展望未来，我国资本市场的市场层次还有待进一步丰富，市场创新有待进一步加快，投资者结构有待进一步优化。

## 一、股票市场运行的基本情况

### （一）一级市场：发行规模有所萎缩

2008年1~12月，A股一级市场累计融资3 336亿元，较2007年同期下降56.8%。其中，首次公开发行（IPO）融资规模为1 037亿元，较2007年同期减少74.6%，占融资总额的31.1%，较上年下降74个百分点；再融资规模为2 244亿元，同比下降26.6%，其中增发完成2 300亿元、配股为152亿元、可转债为

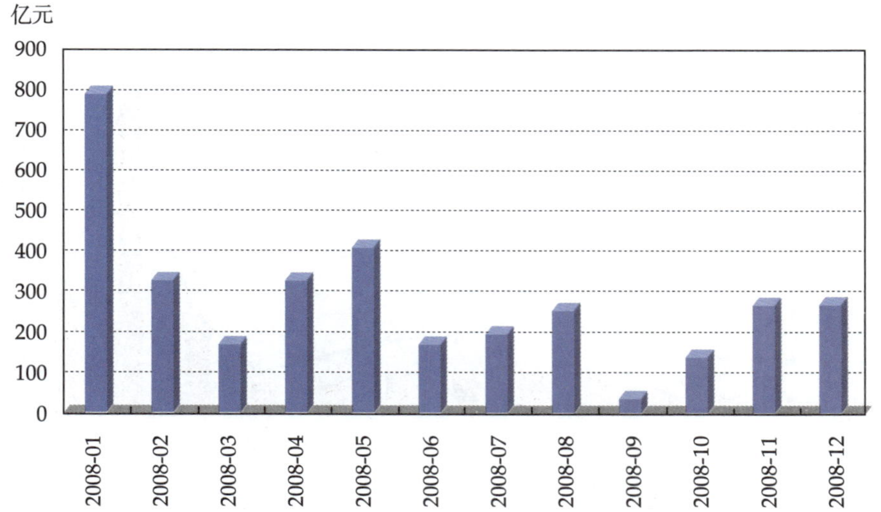


数据来源：中国证监会。

图4-1　2008年各月A股市场融资情况

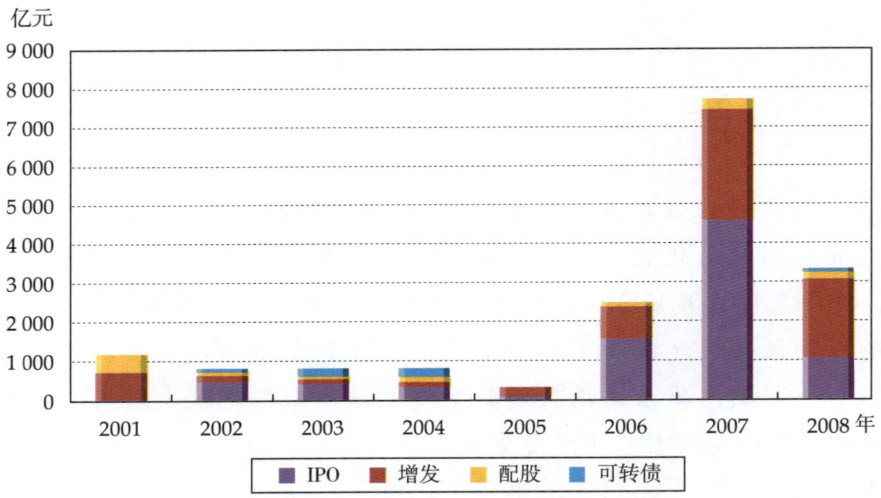


数据来源：中国证监会。

**图4-2 2001～2008年A股市场融资情况**

56 亿元，分别较 2007 年同期变化 -26.6%、-33.4%、1.8%。

从月度变化情况看，融资规模呈现逐步下降态势，1 月为全年高点，共筹集资金 788 亿元，占全年的 27.3%，随后各月降幅明显，9 月仅完成 16 亿元融资。

## （二）二级市场：指数下跌、交易萎缩

截至 2008 年年末，沪、深两市共有上市公司达 1 625 家，比 2007 年年末增加 79 家。股票总市值为 12 万亿元，较 2007 年年末减少 62.9%，股票总市值占 GDP 的比重由上年年末的 134.1% 下降至 40%。其中，流通市值为 4.5 万亿元，较 2007 年年末减少 51.4%。

2008 年，沪、深两市指数均经历大幅下挫，上证综合指数与深证成份指数分别收于 1 821 点与 6 486 点，比年初分别下跌 65.5% 与 63.7%。

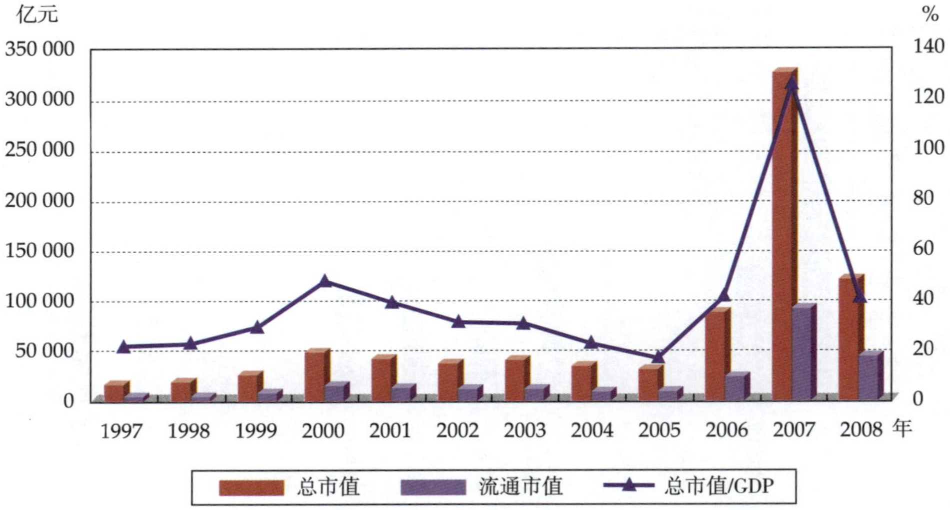


数据来源：中国证监会、国泰君安证券。

**图4-3 1997～2008年股票市场规模变化**

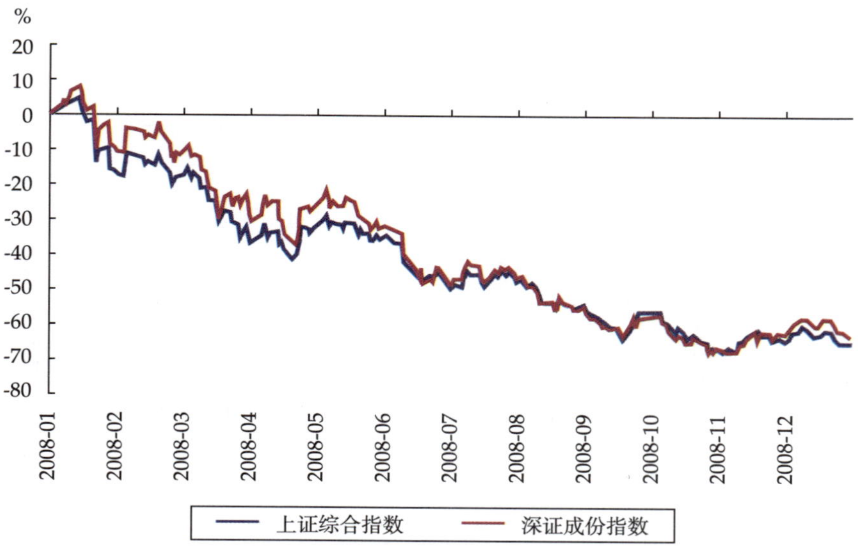


数据来源：Wind资讯公司。

**图4-4 2008年沪、深两市代表指数走势图**

2008年年末，沪市A股平均市盈率为14.85倍，较2007年年末下降74.9%；深市A股平均市盈率为17.13倍，较2007年年末下降76.2%。

2008年，沪、深两市股票总成交量为24 131亿股，成交金额为267 113亿元，较2007年下降42%，日均股票成交额为1 086亿元，同比下降43%；基金成交金额为5 829亿元，同比下降32.4%；权证交易相对活跃，全年成交额为69 686亿元，较2007年下降10.5%，明显小于股票、基金降幅。

从月度变化看，市场交易在1～10月呈现出逐步萎缩的态势，全年最低点10月的股票成交额为10 396亿元，日均成交额仅为520亿元，11月和12月的股票成交额开始有所反弹，两月的股票日均成交额分别回升至856

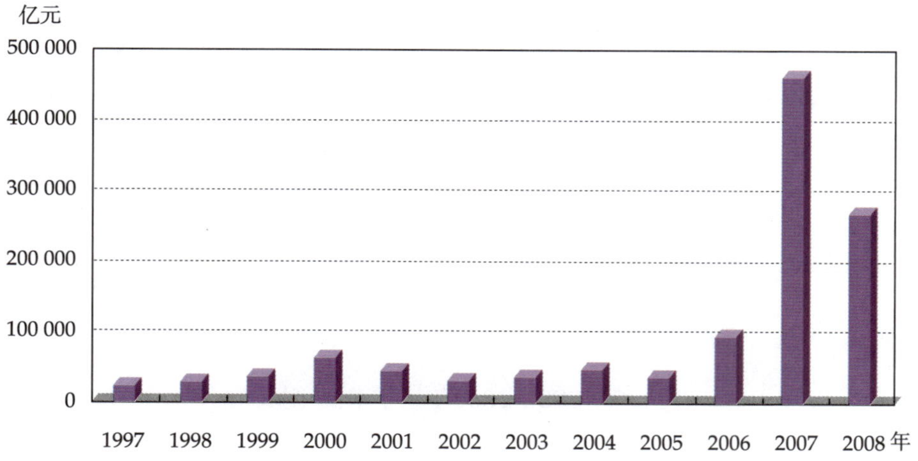


数据来源：中国证监会。

**图4-5 1997～2008年股票成交情况**

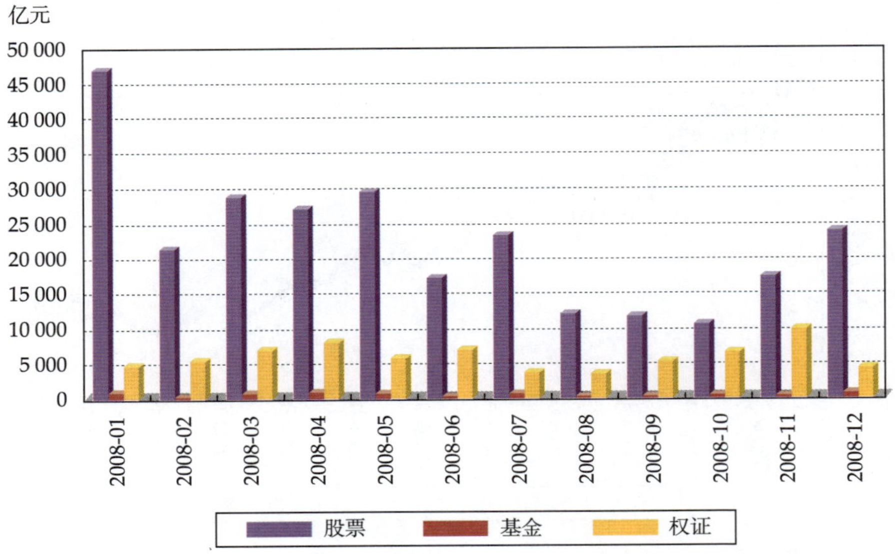


数据来源：上海证券交易所、深圳证券交易所、国泰君安证券。

**图4-6 2008年股票市场月度成交情况**

亿元和1 026亿元。

2008年，沪、深两市交易活跃度下降明显，两市全年平均换手率为3.93倍，较2007年下降49.7%，其中8月的换手率更是达到了2005年以来的最低水平。

截至2008年年末，投资者账户数达1.4亿户，全年新增开户数为1 674万户，较2007年下降了59%，其中8月A股新增开户数仅为69万户，创两年内的最低水平。

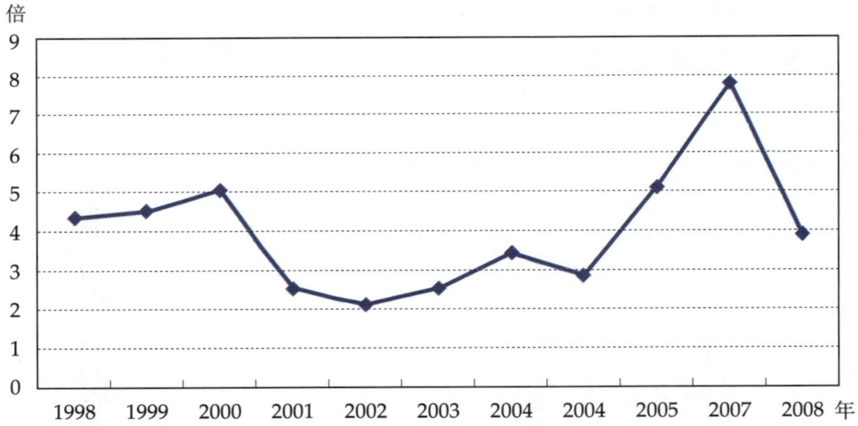


数据来源：上海证券交易所、深圳证券交易所、国泰君安证券。

**图4-7 1998～2008年换手率变化情况**

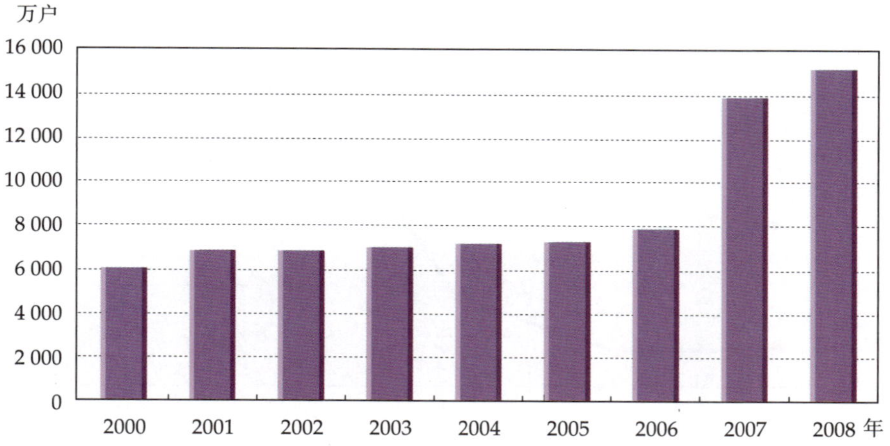


数据来源：中国证券登记结算有限责任公司。

图4–8 2000～2008年投资者账户数变化情况

## 二、2008年我国股票市场规模和结构变化

### （一）市值结构呈现趋小化特征

**1. 股票总市值与GDP之比大幅下降**

截至2008年年末，沪、深两市上市股票数为1 690只，总市值为12.14万亿元，占当年GDP的40.37%，市值占GDP的比重较同期大幅下降了69.21%。其原因主要有两个方面：一方面，我国经济保持了平稳、较快的增长，GDP总量不断扩大；另一方面，在全球金融危机的影响下，市场各方预期我国上市公司业绩会产生较大幅度下滑，再加上欧美及我国周边国家和地区股票市场普遍下跌，导致我国股票市场呈现单边下跌的态势，2008年年末的股票总市值较2007年年末大幅缩水了63%。

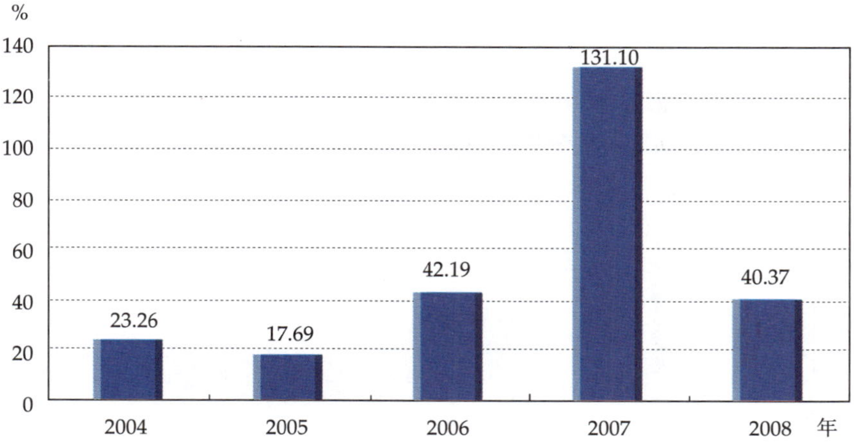


数据来源：中国证监会、国家统计局。

图4–9 2004～2008年总市值占GDP比重的变化

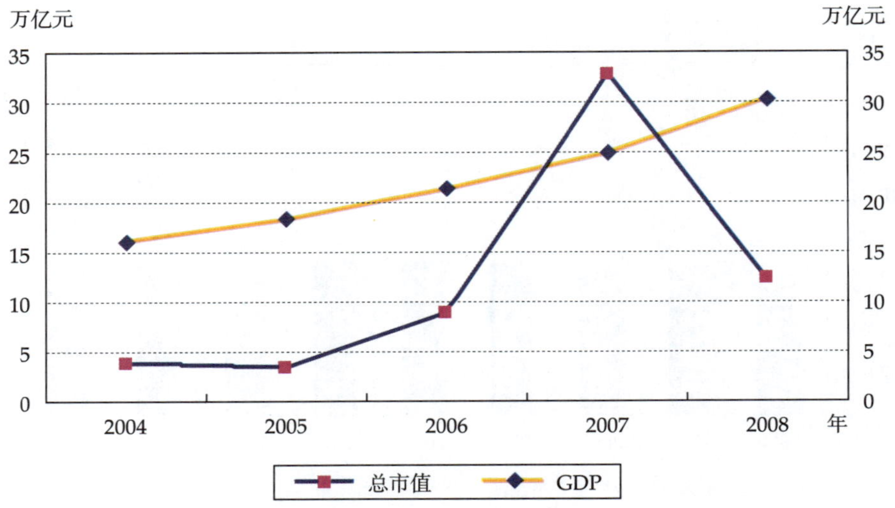


数据来源：中国证监会、国家统计局。

图4-10 2004～2008年股票市场与经济增长走势的关系

**2．流通股占比稳步提升**

开始于2005年的股权分置改革到2007年基本完成，因此，自2007年年初以来，流通股和流通市值与总市值之比稳步提高，截至2008年年末，股票流通市值达到4.52万亿元，较上年同期下降了51.42%；2008年年末的股票流通市值占总市值的37.23%，较2007年年末提高了8.81个百分点。

**3．中小企业板块仍保持了较快发展**

2008年，新上市的中小企业有71家，占全部中小企业的26.01%。截至2008年年末，中小企业板块市场股票共计273只，总市值达到6 268.55亿元，占沪、深两市总市值的5.16%，占比较2007年年末提高了1.91个百分点。

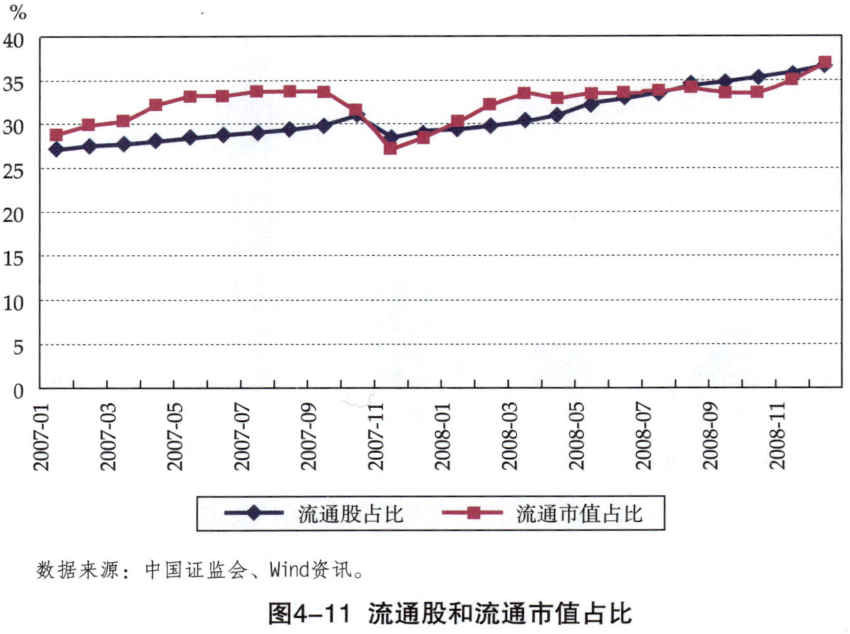


数据来源：中国证监会、Wind资讯。

图4-11 流通股和流通市值占比

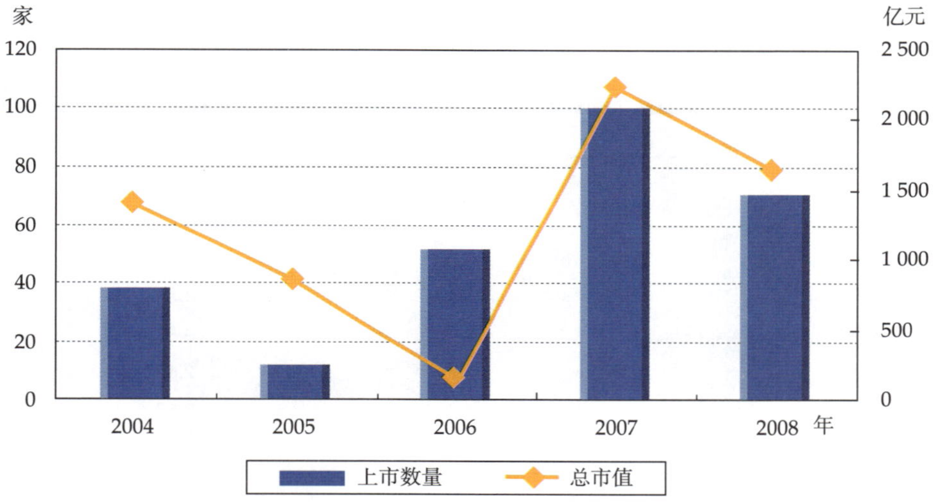


数据来源：中国证监会。

图4-12 中小企业板块市场发展情况

## （二）上市公司行业结构分布渐趋合理

截至2008年年末，沪、深两市上市公司的数量为1 625家，总市值为12.14万亿元。总结近年来上市公司的结构变化，可以归结为以下几个特点：

**1．金融类上市公司市值占比增大**

随着金融体制改革进一步深化，截至2008年年末，金融类上市公司已达28家，总市值占比达到32.85%，成为目前总市值占比最高的行业。从金融类上市公司的结构来看，银行有14家，其总市值占比达到71.3%；保险业次之，市值占比达到19.48%，再次为证券业，信托业规模最小，占比只有0.42%。

**2．上市公司的行业结构渐趋合理**

2004年以来，随着大市值公司的纷纷上市，以及行业的景气轮动，上市公司的行业结构逐渐发生变化，制造业上市公司的总市值占比明显下降，金融业和采掘业上市公司的总市值则明显上升，提高了上市公司的行业结构与宏观产业结构的吻合度。

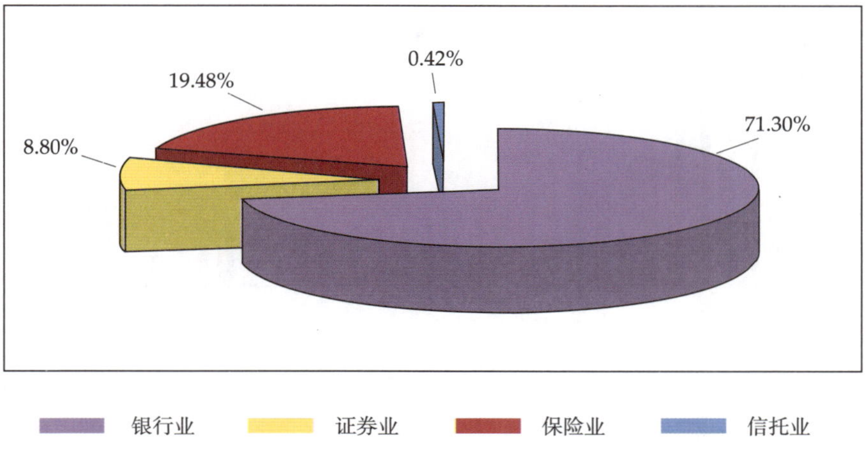


数据来源：Wind资讯。

图4-13 金融类上市公司的结构

**表4-1 各行业上市公司的总市值占比**

| 行业名称 | 2008年年末总市值占比（%） |
|---|---|
| 金融业 | 32.85 |
| 采掘业 | 23.24 |
| 制造业 | 22.08 |
| 交通运输、仓储业 | 4.77 |
| 电力、煤气及水的生产和供应业 | 3.82 |
| 房地产业 | 2.62 |
| 批发和零售贸易 | 2.57 |
| 信息技术业 | 2.50 |
| 建筑业 | 2.26 |
| 综合类 | 1.23 |
| 社会服务业 | 1.13 |
| 农、林、牧、渔业 | 0.65 |
| 传播与文化产业 | 0.26 |

数据来源：Wind资讯、申银万国证券研究所。

**3．上市公司的地区结构与地区经济发展结构相适应**

从地区结构看，上市公司数量最多的地区在上海，共有154家；浙江、江苏、北京和深圳四个地区的上市公司也已都超过100家，分别为130家、115家、110家和102家；广东和山东发展迅速，接近100家，分别为98家和94家。上市公司的地区结构基本与地区经济发展结构相适应。

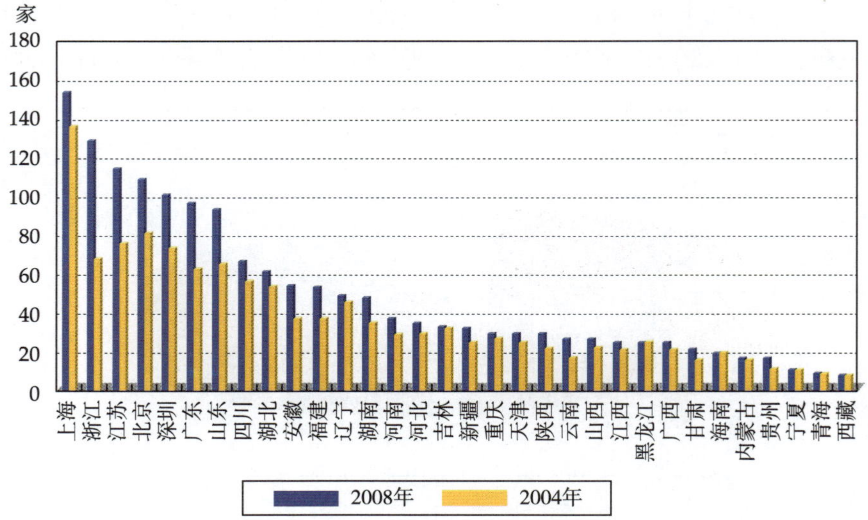


数据来源：中国证监会。

**图4-14 上市公司的地区结构变化**

## （三）投资者结构呈现较明显的机构化特征

**1．开户规模增速受到市场行情和账户清理的影响**

截至2008年12月末，沪、深两市A股市场合计开户达1.212亿户，与2007年年末相比增加了9.29%，但相比2007年51.05%的增速来说明显放缓；其中个人开户为1.207亿户，证券公司开户为9.85万户，一般机构开户为38.65万户，基金开户为920户，社保基金开户为132户，QFII开户为122户。

2008年A股市场新增开户达1 430.4万户，增速同比下降61.95%。其中，证券公司新增开户为292户，同比下降77.73%；基金新增开户为182户，同比增长142.67%；社保基金新增开户为40户，同比增长100%；一般机构新增开户为5.24万户，同比下降53.75%；QFII新增开户为18户，与2007年保持一致，个人新增开户为1 425.1万户，同比下降61.98%。开户增速下降主要受市场行情和账户清理的影响。

**2．机构投资者发展迅速**

近年来，随着机构投资者特别是证券投

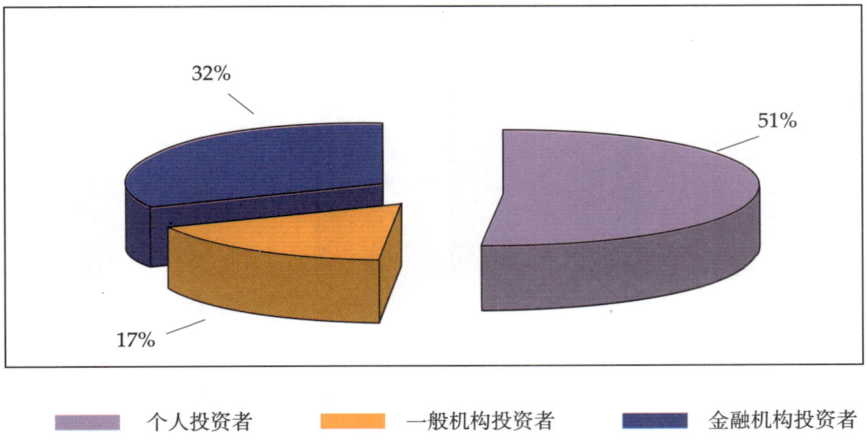


数据来源：中国证监会。

**图4-15 股票市场投资者的市场份额**

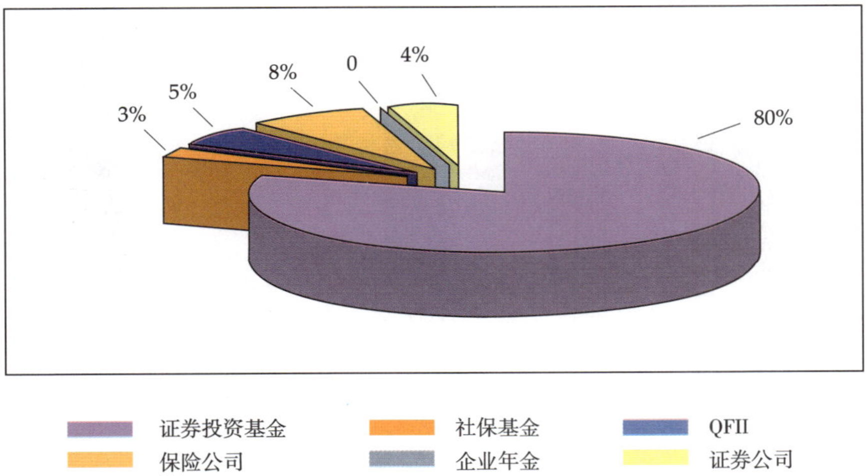


数据来源：中国证监会。

**图4-16 金融机构投资者的市场结构**

资基金的快速发展，投资者结构有所改善，机构投资者市值占比已接近50%。在机构投资者中，金融机构投资者占比达到了65.31%，一般机构投资者占比为34.69%。

**3．机构投资者中以证券投资基金为主**

证券投资基金发展最为迅速、市场份额最大，在金融机构投资者中的比例达到了80%；全国社保基金、QFII、保险公司、企业年金、证券公司等合计只占了20%的比例。

## （四）股票市场对外开放稳步发展

**1．QFII稳步实施**

自2007年6月第二次中美战略对话后，我国承诺提高QFII额度到300亿美元。截至2008年年末，共有76家QFII获得审批，额度共计106.7亿美元。2008年，新批QFII24家，新增审批额度为4.75亿美元。

与前几年相比，2008年QFII获批额度有所放缓，这有两个方面的原因：一方面，受

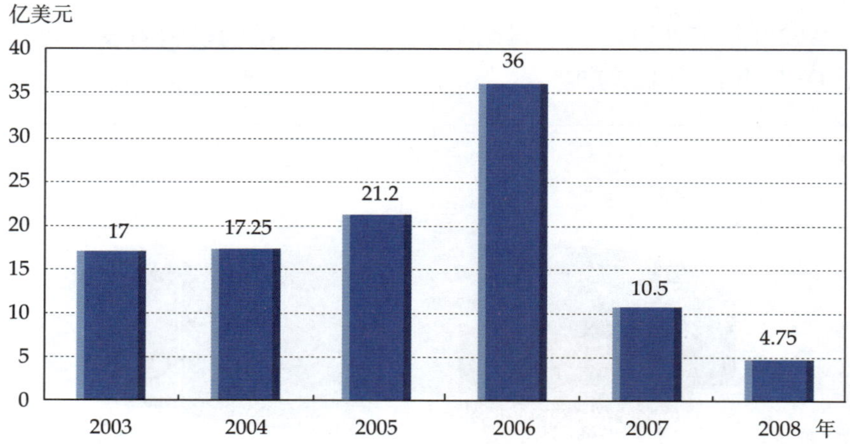


数据来源：国家外汇管理局。

**图4-17 2003～2008年QFII额度年度分布**

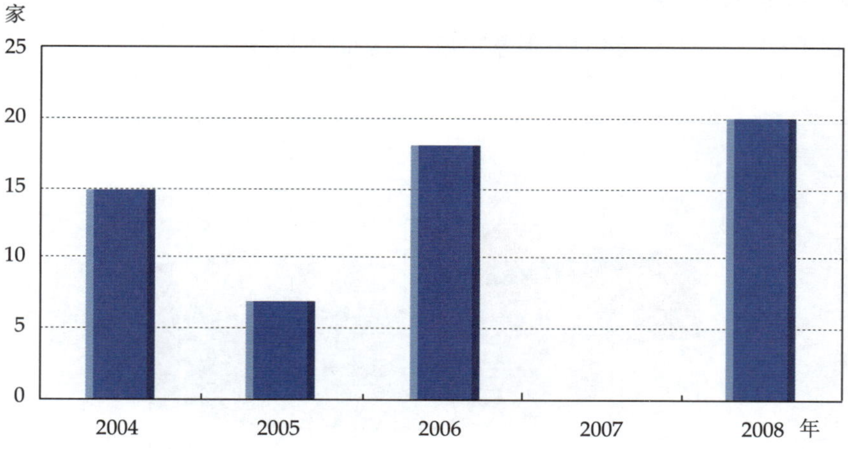


数据来源：中国证监会。

**图4-18 2004～2008年QFII获批家数年度分布**

QFII 总额度和审批程序所限，在试点阶段首批 100 亿美元总额度于 2006 年年末基本用完后，新的额度于 2007 年下半年才正式获批，因此，2007 年 QFII 资格审批有所停顿并于 2008 年恢复，由于额度审批滞后于资格审批，因此，2008 年 QFII 获批额度有所减少；另一方面，受金融危机的影响，从 2007 年开始，QFII 进入我国证券市场的意愿有所降低。

**2. QDII 适时推进**

截至 2008 年年末，QDII 最新额度为 645.007 亿美元。2008 年新批 18 家 QDII 机构，占目前全部 QDII 数量的 22.5%，新增额度为 40 亿美元，极大地促进了 QDII“走出去”的战略。在当前的共 80 家 QDII 机构中，基金公司和保险公司占比最大，商业银行次之，证券公司占比最小。

人民法院、最高人民检察院、公安部、中国证监会四部委联合下发《关于整治非法证券活动有关问题的通知》，对公司或公司股东向社会公众擅自转让股票行为等四个方面的问题进行了政策法律界定。不仅解决了司法实践中的相关法律问题，进一步完善了打击非法证券的法治体系，也是监管部门与公安机关、司法机关协作配合的有益尝试，为今后及时、高效地打击证券市场各类新型违法犯罪活动提供了新模式。

### （二）继续推动信息披露建设

2008 年 9 月 5 日，上海证券交易所、深圳证券交易所分别颁布了《股票上市规则(2008 年修订稿)》，并于 10 月 1 日起正式生效。与旧规则相比，新规则主要呈现这样六个特

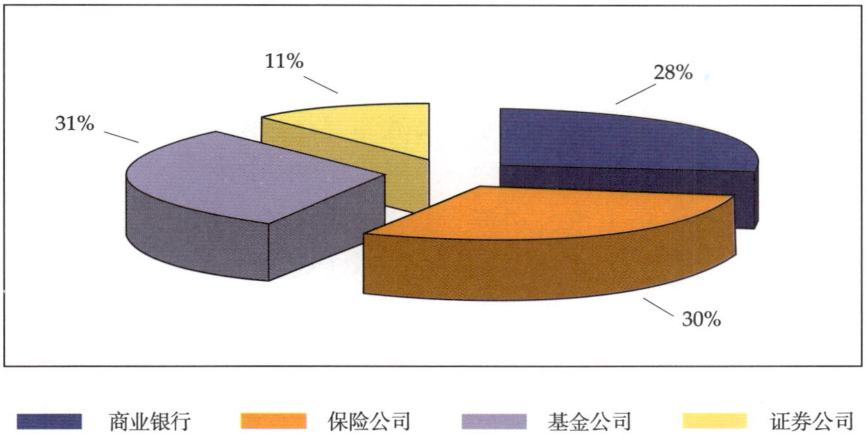


数据来源：中国证监会。

图4-19 QDII中机构类别构成

## 三、2008 年股票市场制度建设和基础设施建设

### （一）严厉打击非法证券活动，维护证券市场正常秩序

为进一步打击非法证券活动，明确分工协作、政策法律等问题，2008 年 1 月，最高

点：一是适用对象增加到境内交易所上市的境外公司和中介机构；二是明确信息披露基本理念，强化公平披露；三是要求公司设立由董秘负责的信息披露事务部门，组织管理信息披露事务、投资者关系管理等工作，提升信息披露重视程度；四是强化定期报告法定披露义务，进一步明确了董事、会计师及

上市公司各方的职责；五是改革停牌制度，取消了年度报告、业绩预告等重大事项一小时例行停牌，突出异常警示性停牌，增加了交易所盘中停牌措施，并要求公司在连续停牌期间，每5个交易日披露一次未能复牌的原因；六是修订完善了破产公司的具体披露要求和停复牌制度安排。

新规则总结了2006年以来上市公司信息披露规则执行与监管的经验，特别是以股价异动为监管重点，进一步健全了上市公司信息披露和市场监管联动快速反应机制。

### （三）继续完善公司治理机制

为巩固2007年公司治理专项活动成果的基础，把公司治理机制继续推向深入，中国证监会于2008年6月25日下《中国证券监督管理委员会公告[2008]27号》，该公告重点强调了以下几项工作：一是规范上市公司控股股东及实际控制人行为，增强上市公司独立性；二是巩固上市公司清欠成果，建立防止大股东占用上市公司资金的长效机制，加强对大股东及其附属企业故意占用上市公司资金的查处、惩罚力度；三是强化上市公司敏感信息内部排查、归集、披露机制，进一步规范上市公司的信息披露行为。另外，还规定2008年11月30日后，对于治理结构尚存在未完成整改事项及其他公司治理问题的上市公司，中国证监会将不再受理其股权激励及再融资申请，对于已受理申请材料的，将在审核过程中予以重点关注。

### （四）规范上市公司解除限售存量股份的转让行为

2008年4月20日，中国证监会发布《上市公司解除限售存量股份转让指导意见》，对上市公司股东集中出售超过一定数量解除限售存量股份的行为进行规范。该指导意见的出台，通过制度层面的规范和安排，有利于解决全流通后上市公司股东在二级市场一次性集中出售较大规模股份的市场效率问题，避免了这种行为对价格形成造成的扭曲，同时有利于稳定投资者对存量股份减持的心理预期。

### （五）将大额小额限售非流通股减持交易引入到大宗交易平台

大宗交易平台是专门提供给那些交易数量和金额较大的投资者进行证券与基金交易的平台，分别由上海证券交易所和深圳证券交易所于2003年下半年相继推出。

股权分置改革完成后，为减轻大额小额限售非流通股（简称“大小非”）解禁对二级市场的压力，稳定投资者对存量股份减持的心理预期，中国证监会于2008年4月20日颁布《上市公司解除限售存量股份转让指导意见》，其中规定，“预计未来一个月公开出售解除限售存量股份的数量超过该公司股份总数1%的，应当通过证券交易所大宗交易系统转让所持股份。”2008年4月颁布的《大宗交易系统解除限售存量股份转让业务操作指引》已经对大宗交易系统的交易机制进行了大幅度调整。这包括引入合格投资者、实施一级交易商制度，实现报价方式和交收方式多元化、降低交易成本。此后，上海证券交易所于2008年5月推出大宗交易系统专场业务，为推动限售存量股份减持提供专门服务。

增加了“大小非”减持平台这一职能定位后，大宗交易系统的运作模式将有根本改观，其成交规模、市场地位都将迅速提高，这将从根本上改变其在市场体系中的地位。

表4-2 大宗交易系统功能日益完善

| | 原有大宗交易系统 | 运作模式的最新变革 |
|---|---|---|
| 功能定位 | 出售存量股份以及批量股份 | 除存量股份的出售外，证券发行人向合格投资者发行与配售股份也可以通过大宗交易系统完成 |
| 投资者 | 有专用席位的机构可直接进行大宗交易，其他投资者应委托拥有交易所专用席位的机构进行大宗交易 | 明确了合格投资者概念，保险公司、信托公司、社保基金、企业年金、QFII、财务公司、国有资产经营机构、投资性公司、资产管理公司等都可经会员推荐成为合格投资者 |
| 交易机制 | 券商撮合 | 设立一级交易商制度<br>价格确定采取协商、询价、投标方式 |
| 交收方式 | | 担保交收和非担保交收 |
| 交易成本 | | 交易经手费率降低（股票、基金下浮30%，债券、债券回购下浮10%） |

数据来源：国泰君安证券研究所。

## （六）健全证券监管制度

2008年4月23日，国务院公布《证券公司监督管理条例》以及《证券公司风险处置条例》（以下简称两个《条例》）。两个《条例》的颁布是加强资本市场基础性制度建设的重大举措。两个《条例》的颁布实施，有利于健全证券公司市场准入机制，把好“入门关”，从源头上提高证券公司质量；改进证券公司持续经营制度，完善公司治理机制；增强证券公司监管的针对性和有效性，保护客户资产安全，维护客户的合法权益；鼓励证券公司创新发展，促进证券公司的创新活动规范、有序进行；两个《条例》确立了证券公司市场退出机制，为落实证券公司风险处置的制度安排奠定了重要的法律制度基础，对于进一步加强和改进证券公司监管、规范证券公司的行为、防范和化解证券公司的风险、保护客户合法权益和社会公共利益、促进证券业健康发展，具有十分重要的作用。

## （七）启动融资融券业务试点工作，完善证券交易方式

融资融券业务是指证券公司向客户出借资金供其买入证券或出借证券供其卖出证券的业务，客户向证券公司借入资金买证券为融资业务，客户向证券公司借入证券卖出为融券业务。为了启动证券公司融资融券业务试点，自2005年开始，各有关方面一直进行认真、细致的准备工作。中国证监会于2006年6月发布了《证券公司融资融券业务试点管理办法》，并随后制定了相应的一系列配套制度。上海证券交易所、深圳证券交易所、中国证券登记结算有限责任公司和中国证券业协会分别公布了相关实施细则和自律规范文本，确定了我国融资融券交易制度的基本模式、交易结算规则和风险控制制度。拟申请试点的证券公司也进行了相应的业务准备，设置了专门的业务部门，配备了相应人员，起草了相关业务规章制度，开展了市场调研和客户需求分析，制订了具体的试点实

表4-3 融资融券业务方面已出台的相关法律、法规

| 颁布时间 | 相关法律、法规 | 主要内容 |
| --- | --- | --- |
| 2005年10月27日 | 《中华人民共和国证券法（第三次修订稿）》 | 第一百四十二条："证券公司为客户买卖证券提供融资融券服务，应当按照国务院的规定并经国务院证券监督管理机构批准。" |
| 2006年6月30日 | 《证券公司融资融券业务试点管理办法》 | 对证券公司开展融资融券的业务许可、业务规则、债券担保、权益处理和监督管理进行规范 |
| 2006年6月30日 | 《证券公司融资融券业务试点内部控制指引》 | 规范证券公司开展融资融券业务的内部控制机制，包括建立完备的管理制度、操作流程和风险识别、评估与控制体系，应对融资融券实施集中统一管理、建立业务隔离制度、客户选择与授信制度等 |
| 2006年8月29日 | 《融资融券试点登记结算业务实施细则》 | 对融资融券账户设立、登记和存管、结算、权益处理等进行规定 |
| 2006年8月21日 | 《上海证券交易所融资融券交易实施细则》、《深圳证券交易所融资融券交易试点实施细则》 | 对融资融券的业务流程、标的证券管理、保证金和担保物、信息披露和报告，以及风险控制作出规定 |
| 2006年9月5日 | 《融资融券合同必备条款》、《融资融券交易风险揭示书必备条款》 | 规范了融资融券合同标准文本 |
| 2008年4月9日 | 《证券公司风险控制指标管理办法（征求意见稿）》 | 第二十四条：证券公司为客户买卖证券提供融资融券服务的，必须符合下列规定：<br>（一）对单一客户融资业务规模不得超过净资本的5%；<br>（二）对单一客户融券业务规模不得超过净资本的5%；<br>（三）接受单只担保股票的市值不得超过该股票总市值的20% |
| 2008年4月23日 | 《证券公司监督管理条例》 | 第四章第五节对证券公司开展融资融券业务的相关业务规则 |
| 2008年9月9日 | 《证券公司业务范围审批暂行规定（草案）》 | 首次将融资融券业务与证券经纪和证券资产管理并列，作为券商日常经营的诸业务之一，进一步明确了该业务推出的必然性。而该草案中关于券商开展融资融券业务报批流程的明确，则可视做对业务试点推出的铺垫 |

施方案。经国务院批准，中国证监会于2008年10月5日宣布近期正式启动证券公司融资融券业务试点工作。

证券公司融资融券业务的推出，在风险可控的基础上，有助于促进市场价格发现功能的形成，增强证券市场的流动性，并为投资者提供一种规避市场风险的工具。

## 四、股票市场发展展望

### （一）进一步推进多层次资本市场体系建设

在2008年12月8日国务院办公厅发布的《关于当前金融促进经济发展的若干意见》中，再次要求"加快建设多层次资本市场体

系，发挥市场的资源配置功能”。

多层次资本市场体系是指针对质量、规模、风险程度不同的企业，为满足多样化市场主体的资本要求而建立起来的分层次的市场体系。从国外的发展经验看，成熟市场一般都具有以下几个层次：（1）主板市场，即证券交易所市场，是指在有组织的交易所进行集中竞价交易的市场，主要是为大型、成熟企业的融资和转让提供服务；（2）二板市场，又称为创业板市场，指与主板市场相对应，在主板之外专为处于幼稚阶段中后期和产业化阶段初期的中小企业及高科技企业提供资金融通的股票市场，该市场还可解决这些企业的资产价值（包括知识产权）评价、风险分散和创业投资的股权交易问题；（3）三板市场（场外市场），包括柜台市场和场外交易市场，主要解决企业发展过程中处于初创阶段中后期和幼稚阶段初期的中小企业在筹集资本性资金方面的问题，以及这些企业的资产价值（包括知识产权）评价、风险分散和风险投资的股权交易问题。

与发达国家相比，我国以上海证券交易所和深圳证券交易所为核心的主板市场经过十几年的发展，已经承担起直接融资的功能，但仍然存在一定的问题。因此，在近四年的时间里，我国先后又创新性地推出了全国中小板市场、代办股份转让系统，并拟正式推出创业板市场。但是，从满足不同企业的融资需求、满足不同投资者的投资需求，以及不同层次市场体系的功能和规模来分析，都还没有到位。建立多层次资本市场体系，既是满足多层次融资需求和股权交易需求的重要制度建设，也是满足多层次投资需求的重要举措。

## （二）进一步推进市场创新和风险管理体系建设

在“十一五”期间，中国金融领域正面临着全面创新发展的重大机遇，法律的健全为创新提供了良好的法制环境，经济的持续、健康发展和企业的跨国经营对金融创新提出了更多的需求，我国加入世界贸易组织后，不断开放的国内外资金流动都迫使金融创新加快步伐。

尽管美国金融危机深刻揭示出了金融创新中的风险，发人深省，值得我们引以为戒。但是，我们并不能因为创新会伴随有风险而因噎废食，停止创新。当前，中国证券市场并不存在创新过度的问题，而是创新不足的问题。不仅金融衍生产品创新尚未真正开启，中国证券市场还有很多基础性的制度也需要在创新中加以完善。从创新的层次看，中国证券市场首先需要的是初级层次的创新，包括期货、期权、权证、融资融券等创新产品和创新业务，以改变当前中国证券市场单边市场的制度性问题，提高市场价值发现的能力。价值发现在作为证券市场基本功能的必要组成部分有了监管经验之后，可以再进一步探索高层次的创新，如结构化产品创新等。

同时，我们要正确看待创新与风险之间的辩证关系，一方面要鼓励金融创新，另一方面更要注重控制金融创新中的风险。因此，风险管理体系建设同样重要，并将体现在三个方面：一是继续加强投资者教育，完善中介机构风险控制指标体系、信息披露等制度建设。积极构建多层次的投资者教育体系，建立健全投资者教育的长效机制。通过更全面、更系统的投资者教育体系将投资者保护机制进一步落到实处；中介机构要从依法、合规的角度，在借鉴华尔街金融机构经验和教训的基础上，建设符合中国证券市场发展需要的内控体系，并及时进行信息披露，将产品的创新之处和投资风险向投资者解释清楚。二是加强和改进监管部门对上市公司、证券期货经营机构等市场主体的监管。进一步加强上市公司的信息披露，规范其投融资行为；进一步完善对证券期货经营机构的分类监管制度，鼓励规范经营的机构加大市场化的创新力度；督促证券期货经营中介机构将投资风险揭示和风险警示融入经营业务的各个环节。三是加强监管队伍建设，提高监管执行力。加强和改进日常监管，进一步完善辖区监管责任制，建立健全适应市场快速发展需要的科学监管机制。继续完善证券期货法制，强化对违法、违规行为的打击力度，提高行政执法效能。

### （三）进一步推进多元化的投资者体系建设

从理论上讲，由于不同的机构投资者在资金来源、资产性质、债务特点、委托要求、投资限制、行为方式、目标偏好、持股周期等诸多方面存在差异，对证券市场的稳定作用大不相同，不同性质的机构投资者之间的相互竞争、相互依赖和彼此制衡势必产生市场互补和功能整合的作用，进而从整体上促进证券市场效率的不断提高。对中国证券市场来说，提高中长期资金机构投资者的比重，有利于抑制投机，维护市场稳定。

近年来，我国证券市场的投资者结构已有明显改善，表现为机构投资者占比的扩大。机构投资者的入市发展与经济发展和市场发育条件密切相关，机构投资者的充分发展，有利于与股市形成良性互动，并对证券市场的稳定性、资源配置效率以及上市公司治理产生积极影响。如果再进一步考虑我国机构投资者的结构，就可以发现我国机构投资者的结构还需要进一步优化，主要表现在要推进机构投资者的多元化上。目前，各类机构投资者的规模极不平衡，证券投资基金是机构投资者的主要力量，市值占比达到80%；而全国社保基金、QFII、保险公司、企业年金、证券公司的规模偏小。因此，要进一步完善多元化的投资者体系建设，鼓励中长期资金进入市场，尤其是要加快扫除企业年金转型和运作的政策障碍，推动企业年金的发展。

## 专题四 限售股解禁对股票市场供求关系的影响

随着股权分置改革基本完成和2006年开始新股全流通发行，限售股代替非流通股成为新的股市关键词。由于限售股解禁后产生的减持压力将影响未来几年股票市场的供求关系，从而会对股票市场的稳定发展产生影响，因此，有必要研究未来几年限售股解禁的总量与结构变化情况，并分析其对我国股票市场供求关系可能产生的影响。

### 一、我国股票市场限售股及其分类

限售股是指要满足一定条件才能出售的股票，限售股解禁就是限售股满足相关条件后，就可以自由出售。按照限售股的解禁特征，可以在四个层次上对限售股进行分类：第一层，按照限售股的成因和来源，可分为两种：一是在股改前的非流通股经过股改取得流通权后，由于受到流通期限和流通比例的限制，形成限售股，又称为股改限售股。二是指股改之后，由于IPO和再融资（包括增发和配股）产生的原有股东或配售、增发给新股东的流通股按规定给予一定的时间限制方能流通所形成的限售股，又分别称为IPO相关限售股和再融资相关限售股。其中，IPO相关限售股又分为“IPO相关限售股1”（含IPO机构配售股和一般配售股）和“IPO相关限售股2”（含原股东配售股和战略配售股）。第二层，在股改限售股中，再根据非流通股股东持有上市公司股份的占比是否超过5%，可分为大非流通股股东和小非流通股股东。第三层，在大非流通股股东中，按照产权性质，可分为国有非流通股股东和非国有非流通股股东。第四层，在国有非流通股股东中，按照产权归属，可进一步分为中央国企非流通股股东和地方国企非流通股股东。

目前有三个政策对股改限售股的流

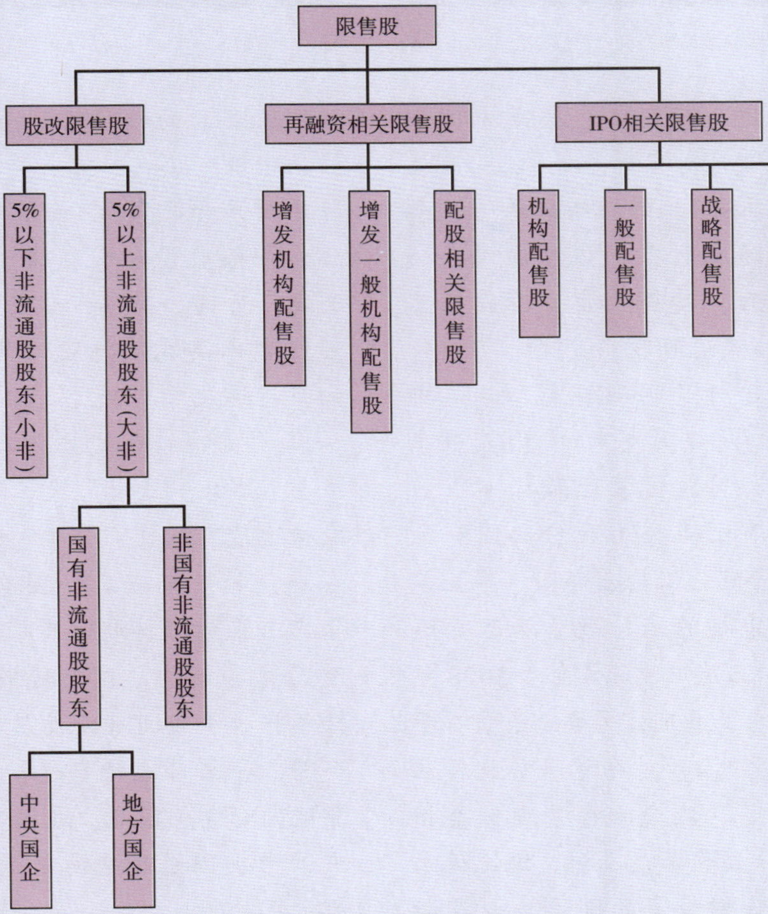


数据来源：申银万国证券研究所。

**图4-20 A股限售股的分类**

**表4-4 关于限售股解禁的政策汇总**

| 政策 | 时间 | 适用对象 | | 最大可流通数量<br>股改后第一年 | 股改后第二年 | 股改后第三年 | 股改后第四年 | 其他规定 |
|---|---|---|---|---|---|---|---|---|
| 《上市公司股权分置改革管理办法》 | 2005年9月 | 5%以上非流通股股东(大非) | | 0 | 5% | 10% | 无限制 | 每出售股份超过所持有上市公司股份的1%时须公告 |
| | | 5%以下非流通股股东(小非) | | 0 | 无限制 | | | 无须任何公告 |
| 《国有股东转让所持上市公司股份管理暂行办法》 | 2007年7月 | 国有控股股东 | 总股本10亿股以上 | 0 | 不超过5 000万股或3% | | | 若计划减持超过前述限制，中央国企需上报国务院国资委审核；地方国企若涉及控制权转移，也要上报国务院国资委，否则只需省级政府审核 |
| | | | 总股本10亿股以下 | 0 | 不超过5% | | | |
| | | 国有参股股东 | | 0 | 5% | 5% | 5% | |
| 《上市公司解除限售存量股份转让指导意见》 | 2008年4月 | 所有股改限售股股东，新老划断后IPO的原股东股份 | | 预计未来一个月减持超过所持有上市公司总股本1%的，要通过大宗交易平台进行交易 | | | | |

数据来源：申银万国证券研究所整理。

通和减持速度进行了规定：一是中国证监会于2005年9月发布的《上市公司股权分置改革管理办法》，适用对象是一切参与股改的非流通股股东。该办法对在一年的锁定期满后，持有上市公司股份总数5%以上的非流通股股东（大非）出售限售股的比例进行了明确规定。二是中国证监会于2007年7月发布的《国有股东转让所持上市公司股份管理暂行办法》，适用对象是持有上市公司股份的国有及国有控股企业、有关机构、部门、事业单位等，对免予审核的减持数量和节奏进行了相关规定。三是中国证监会于2008年4月20日发布的《上市公司解除限售存量股份转让指导意见》，对存量限售股转让的规则作了规定。其中的存量股份是指已经完成股权分置改革，在沪、深主板上市的公司有限售期规定的股份，以及新老划断后在沪、深主板上市的公司于首次公开发行前已发行的股份。

从上面的政策汇总和逻辑推断可以归纳出以下几点：第一，再融资相关限售股的股票和IPO相关限售股的机构配售股和一般股份会在获得流通权后短期内套现，而IPO战略配售股和原股东配售股可能考虑要战略持股的问题，减持动力和减持速度相对较小。第二，按照规定，“大非”每减持超过1%均要公告，减持的交易成本比“小非”大，因此“大非”的减持速度可能较“小非”慢。第三，由于在一年锁定期满后，国有股东在后续三年内若累计减持超过5%，需要上报国务院国资委审核，国有股股东的限售股减持量将小于非国有股股东。第四，中央国企若三年累计减持超过5%，需要上报国务院国资委。因此，在国有非流通股股东中，中央国企股东减持的交易成本要比地方国企大，相应的减持量可能会相对较少。

总体来讲，我们看到，原股东配售

股、战略配售股和“大非”的可减持速度都要慢于同层次的其他非流通股股东。

## 二、未来三年A股限售股解禁情况的分析

（一）未来三年A股限售股解禁情况的总量分析

从A股限售股的总量数据来看，我国股票市场目前还处在全流通的初期，未来两年将是限售股解禁高峰期。未来三年，等待流通的限售股市值近8万亿元，接近现在流通市值的2倍，减持压力大。

不过，由于监管部门为不同性质的限售股安排了不同的减持速度和交易成本，各类限售股解禁并不意味着全部减持，因此，有必要对A股限售股进行分类

**表4-5 限售股解禁的年度规模**

| 年份 | 每年到期流通的股数合计(亿股) | 每年到期流通的市值合计(亿元)(2009年1月21日收盘价) | 每年股数占比(%) | 每年市值占比(%) |
|---|---|---|---|---|
| 2006 | 833.76 | 4 308.18 | 7.38 | 5.38 |
| 2007 | 1 283.85 | 22 434.32 | 8.06 | 7.29 |
| 2008 | 1 596.87 | 20 823.88 | 8.98 | 17.97 |
| 2009 | 6 888.45 | 34 547.11 | 37.65 | 26.42 |
| 2010 | 3 560.94 | 35 853.62 | 19.26 | 27.17 |
| 2011 | 1 051.80 | 8 624.61 | 5.68 | 6.52 |
| 合计 | 15 215.67 | 126 591.71 | | |

数据来源：Wind资讯、申银万国证券研究所。

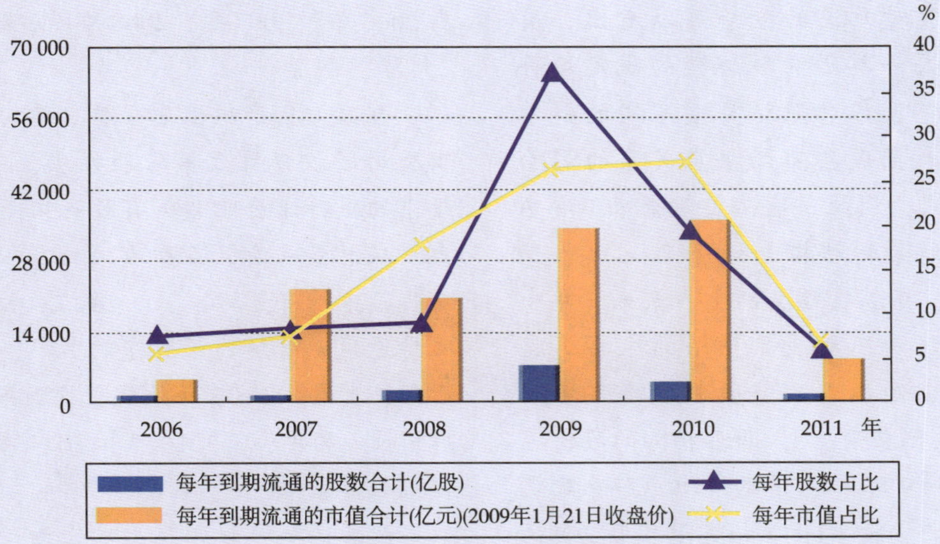


数据来源：Wind资讯、申银万国证券研究所。

**图4-21 近年限售股解禁情况**

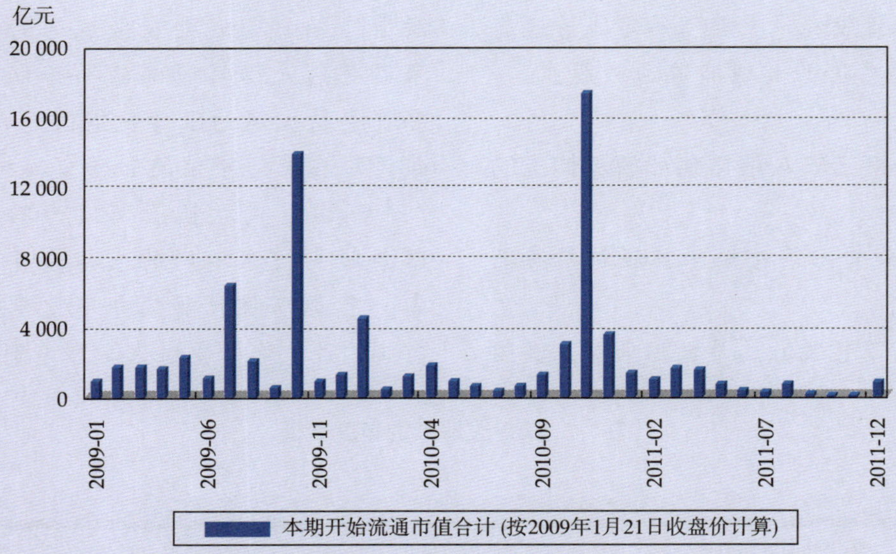


数据来源：Wind资讯、申银万国证券研究所。

**图4-22 未来三年限售股解禁的月度分布**

分析，通过对限售股性质的区别来进一步分析限售股解禁的减持压力，从而正确地看待限售股解禁对股市供求关系的影响。

（二）未来三年A股限售股解禁情况的结构分析

由前面对政策的分析可以看出，有关政策对每一类限售股解禁的规定均存在差异，不同限售股适用于不同的解禁政策，对我国股票市场供求关系的影响也存在不同，因此，有必要对未来三年A股限售股解禁的结构进行分析。

首先，在限售股类别上，未来三年中将会大量增加市场股票供给的主要是股改限售股、原股东配售股和战略配售股（IPO相关限售股2），两者相加的股份市值占比达到97%；而这两者中原股东配售股和战略配售股（IPO相关限售股2）的减持压力最大，达到68%。分年度来看，2009年和2010年是限售股解禁的最高峰。

其次，由于存在难易程度和成本上的差异，“大非”的减持速度相对较慢，主要是“小非”将增加市场中的股票供给。从总量上看，2009年是股改限售股解禁的最高峰，其规模与其他各年份的总和相当；从年度上看，“小非”解禁的高峰是在2006年和2007年，2008年以后则主要是“大非”解禁。

再次，从产权性质分类来看，按《上市公司股权分置改革管理办法》，国有股股东的减持速度比非国有股股东慢2/3以上。从总量来看，在所有“大非”中，国有股股东持有量约占50%左右，他们的可减持速度是普通民营股东的1/3；从分年度数据上看，2009年是民营股股东的绝对规模较大的年份，2010年和2011年相对规模比较小。

最后，从产权归属上看，由于中央国企减持的阻力要比地方国企大得多，因此，中央国企减持的速度会慢于地方国

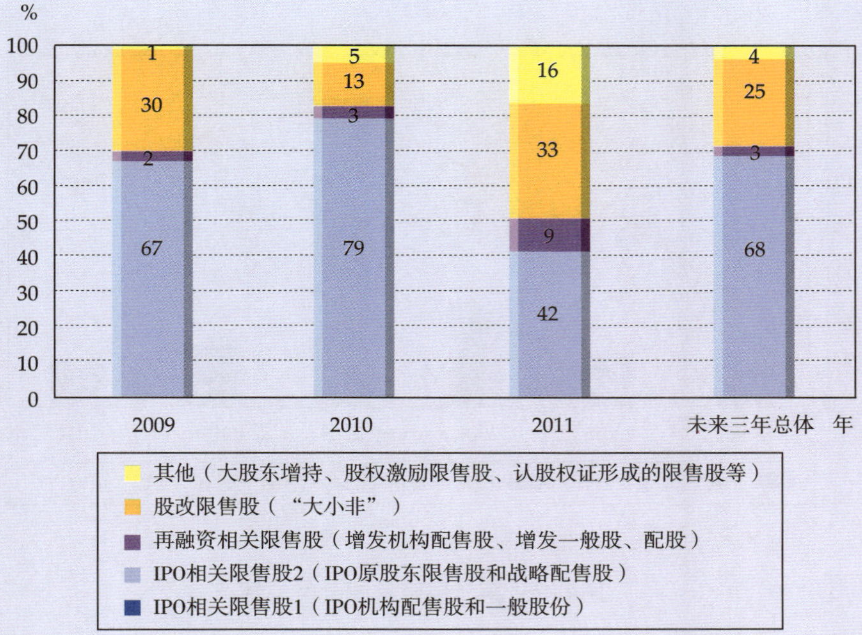


数据来源：Wind资讯、申银万国证券研究所。

**图4-23 第一层限售股分类的情况**

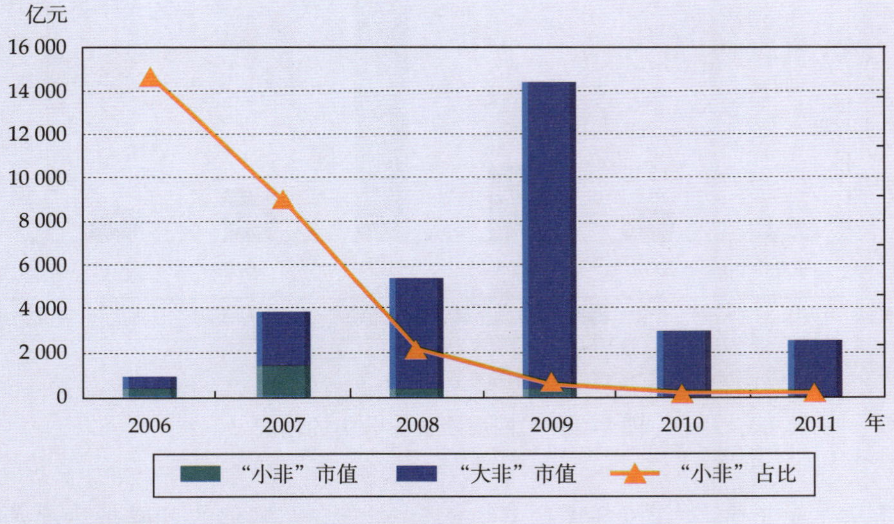


数据来源：Wind资讯、申银万国证券研究所。

**图4-24 第二层限售股分类的情况**

企。从总量上看，在所有国有“大非”中，中央国企股东持有量约占50%左右，它们减持的审批流程更严格；从分年度数据上看，2009年虽然中央国企股东所占比重较大，但地方国企限售股的绝对市值将是未来三年中最高的。

综合上述的分析，从未来三年限售股流通的结构来看，可以归纳出以下几

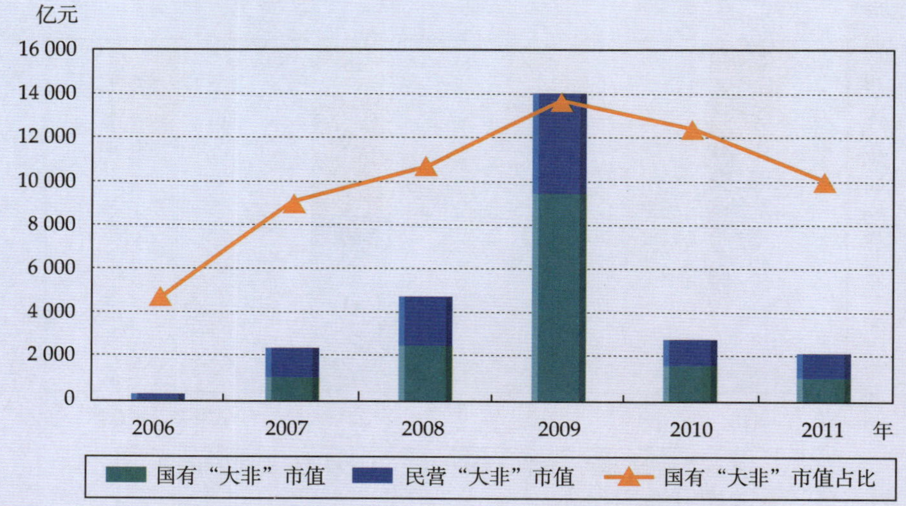


数据来源：Wind资讯、申银万国证券研究所。

图4-25 第三层限售股分类的情况

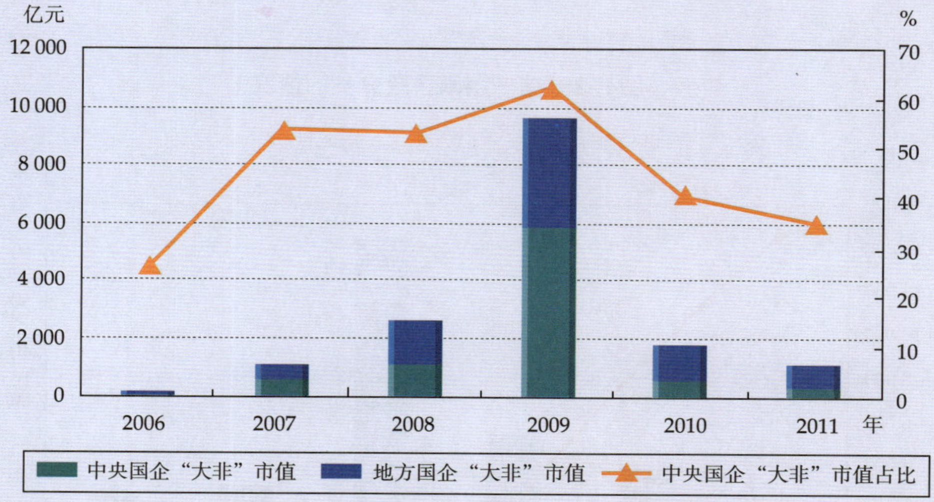


数据来源：Wind资讯、申银万国证券研究所。

图4-26 第四层限售股分类的情况

点结论：一是从总量上看，2009年是限售股解禁的最高峰，接近7 000亿股，其规模与其他各年份的总和相当；二是在所有股改限售股中，"小非"只占到10%，而且前高后低，基本在2009年解禁结束，而2009年将是"大非"解禁的高潮；三是在所有"大非"中，国有股股东持有量约占50%左右，它们的可减持速度是普通民营股东的1/3；四是在所有国有"大非"中，中央国企股东持有量约占50%左右，它们减持的审批流程更严格，减持速度会更慢；五是分年度看，"小非"解禁的高峰是在2006年和2007年，2008年以后绝大多数是"大非"；六是2009年是民营"大非"

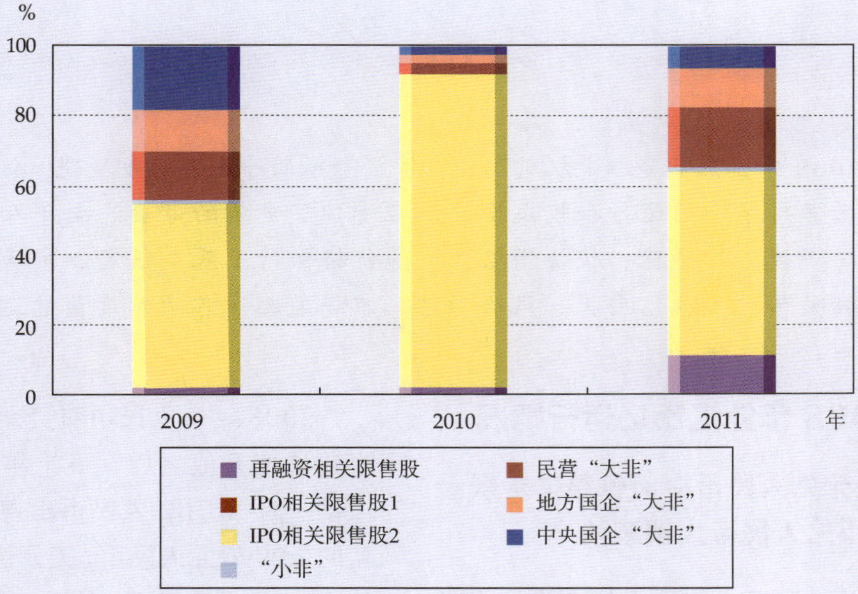


数据来源：Wind资讯、申银万国证券研究所。

**图4-27 未来三年限售股流通结构图**

的绝对规模较大的年份，减持压力会大于2010年和2011年。

## 三、限售股解禁对我国股票市场供求关系的影响

（一）短期内可能导致股票市场供大于求

由于限售股的价格一般均低于二级市场的交易价格，限售股解禁后，其持有人减持股票的成本较低，在需要现金进行其他方面的投资，或是为了在保证控股权的条件下加快现金周转速度，或是预期股价相对较高且较为缺乏上涨空间时，它们就可能减持所持有的股票；而如果持有流通股的股东预期限售股持有者解禁后将大量抛售股票，它们会提前抛售股票，以减少限售股解禁给自己带来的损失，两者均会增加股票市场供给。短期内，在投资者预期股票市场的投资环境未发生大的变动时，市场中的资金供给也就不会发生大的增加，此时，限售股解禁可能会导致股票供大于求，并可能造成股价下跌。

（二）长期内对股票市场供求关系的影响应结合当时的投资环境而定

从长期来看，限售股解禁对股票市场供求关系的影响受到多种因素的综合制约，例如，限售股解禁将增加股票的供给。但同时，增加股票供给也可能会降低整个股票市场的估值重心，从而可能有助于促进股票价格回归到其理性价值区间，吸引更多资金进入股票市场。因此，限售股解禁对股票市场供求关系可能产生的长期影响应结合股票市场当时的投资环境来进行分析。

# 第五章　外汇市场

2008年，国际金融危机对国内经济、金融的冲击进一步显现，银行间外汇市场保持了平稳运行和较快发展，经受住了危机的考验。全年人民币外汇市场规模继续平稳、较快增长，交易价格保持了基本稳定，市场主体进一步壮大优化，授信安排、风险管理、市场监测等各项制度稳健运行。

## 一、2008年外汇市场运行情况

### （一）美元兑人民币中间价整体走低企稳，其他货币兑人民币大幅波动

#### 1. 美元兑人民币中间价走低企稳，人民币升值趋势减缓

2008年年初，美元兑人民币汇率中间价为1美元兑7.2996元人民币，年末报收于1美元兑6.8346元人民币。人民币对美元升值6.88%，升值幅度比2007年下降0.02个百分点。2008年，人民币中间价最高为7.2996元人民币/美元（1月2日），最低为6.8009元人民币/美元（9月23日），波幅为4 987个基点。

2008年，人民币对美元汇率在经历了上半年快速升值之后，下半年呈现明显的双向波动。1～6月，人民币出现大幅升值，从年初的7.2996元人民币/美元快速升值至6月末的6.8591元人民币/美元，累计升值6.42%，其中，1月升值1.66%，是汇改以来最大的单月升幅。7～12月，随着宏观调控政策从“双防”到“一保一控”再到“保增长”的转变，同时受国际市场美元大幅升值影响，人民币升值速度显著放缓，双向波动特征更加突出，在6.80元人民币/美元～6.87元人民币/美元区间反复振荡，累计升值仅0.38%，其中，10月、11月整体上出现贬值。

数据来源：中国货币网。

图5-1　2008年美元/人民币汇率中间价走势

**2．港元兑人民币中间价走低企稳，日元兑人民币中间价先抑后扬，欧元、英镑兑人民币中间价长期盘整后急速下跌**

港元兑人民币中间价走低企稳。2008 年初年，港元兑人民币汇率中间价为 1 港元兑 0.93534 元人民币，年末报收在 1 港元兑 0.88189 元人民币。人民币对港元升值 6.18%，升值幅度比 2007 年下降 1.11 个百分点。全年中间价波幅为 617.6 个基点。

日元兑人民币中间价先抑后扬。2008 年年初，日元兑人民币汇率中间价为 100 日元兑 6.5306 元人民币，年末报收在 100 日元兑 7.5650 元人民币。上半年，日元在套息交易推动下延续贬值趋势；下半年，随着国际金融市场风险加剧，日元因套息交易平仓和避险资金流入而节节攀升。人民币对日元贬值 15.32%，而 2007 年人民币对日元升值 2.44%。全年中间价波幅为 16 107 个基点。

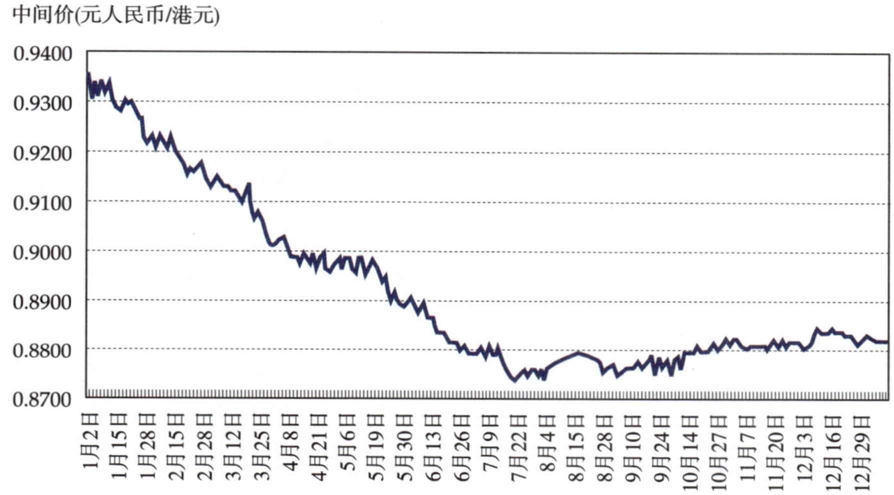


数据来源：中国货币网。

**图5–2 2008年港元/人民币汇率中间价走势**

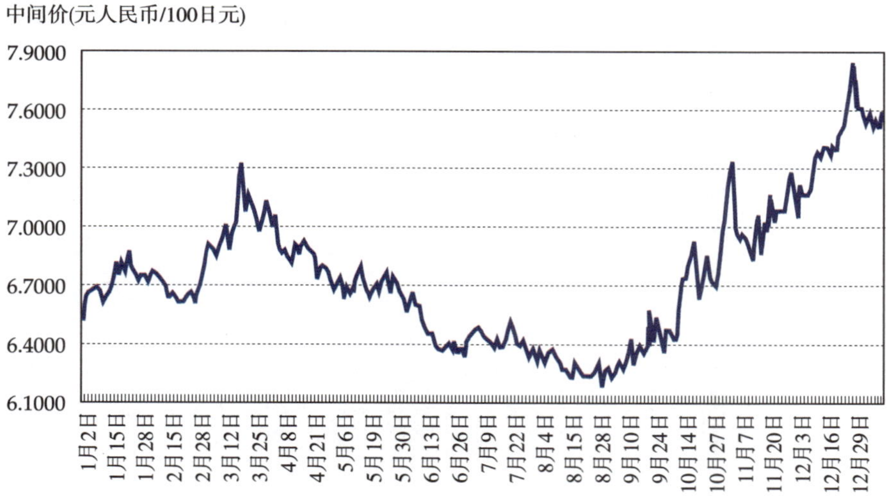


数据来源：中国货币网。

**图5–3 2008年日元/人民币汇率中间价走势**

欧元兑人民币中间价长期盘整后急速下跌。2008年年初，欧元兑人民币汇率中间价为1欧元兑10.6611元人民币，年末报收在1欧元兑9.6590元人民币。上半年，欧元因利率维持高点得以保持强势；下半年因欧元区经济陷入衰退而快速贬值。人民币对欧元升值10.43%，而2007年人民币对欧元贬值3.75%。全年中间价波幅为26 824个基点。

英镑兑人民币中间价长期盘整后急速下跌。2008年年初，英镑兑人民币汇率中间价为1英镑兑14.4904元人民币，年末报收在1英镑兑9.8798元人民币。其中，英镑兑人民币中间价在年末前两个交易日首度破10整数位。人民币对英镑升值47.58%，升值幅度比2007年增加42.49个百分点。全年中间价波幅为46 106个基点。

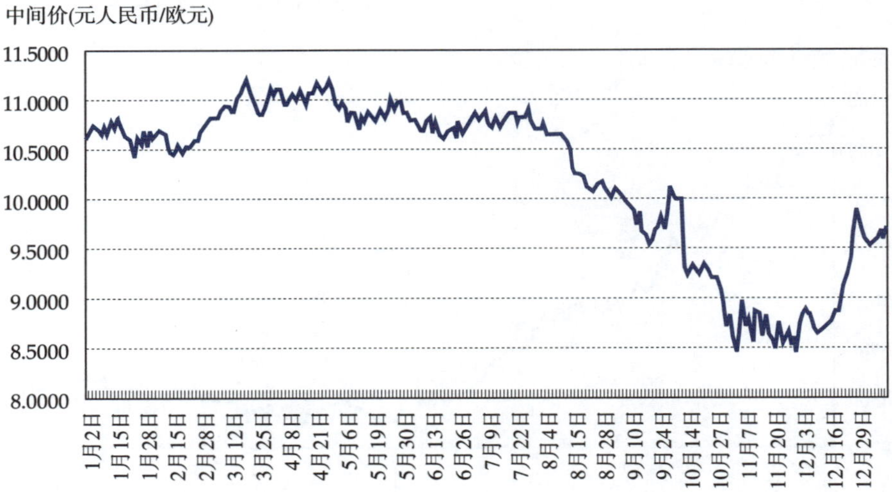


数据来源：中国货币网。

**图5-4 2008年欧元/人民币汇率中间价走势**

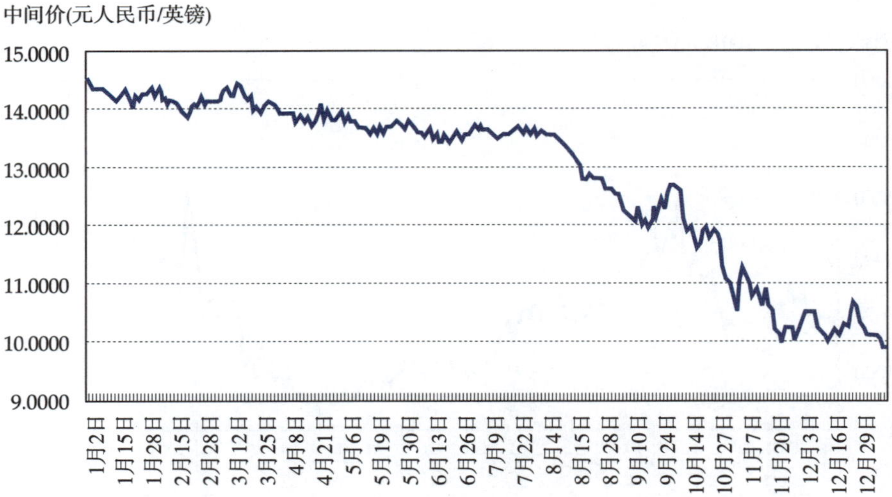


数据来源：中国货币网。

**图5-5 2008年英镑/人民币汇率中间价走势**

## （二）人民币外汇即期市场交易量平稳、较快增长

2008年，人民币外汇即期市场交易量平稳、较快增长。中国对外贸易进出口总额的快速增长为银行间外汇市场交易量的稳步增长提供了有力的交易支撑。

2008年，银行间外币对市场成交金额折合620亿美元，同比下降30.92%，日均成交2.53亿美元，同比下降31.99%。交易最活跃的三个外币对为欧元兑美元、美元兑港元和美元兑日元，占总成交量的比重分别为39.20%、38.40%和12.24%。

## （三）人民币汇率保持双向波动，汇率弹性进一步增强

2008年，美元兑人民币中间价隔日变动率平均值为0.085%，分别比2006年、2007年中间价隔日变动率均值高0.035个百分点和0.003个百分点。其中，9月16日，美元兑人

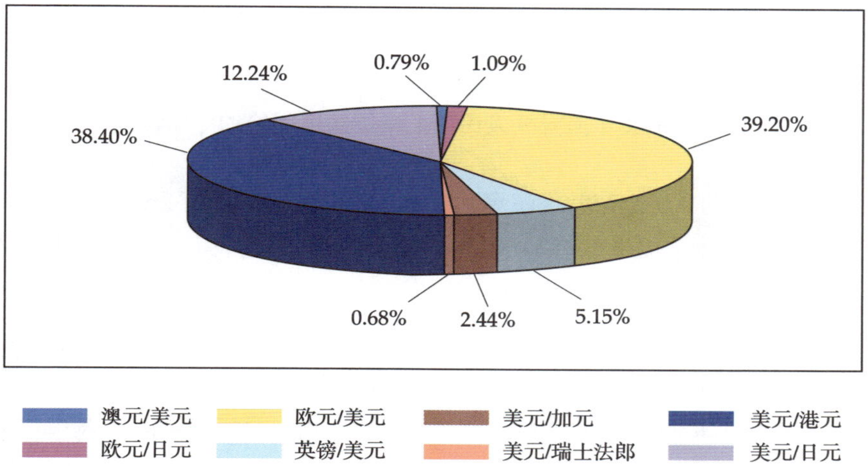


数据来源：中国货币网。

图5-6 2008年外币对市场结构图

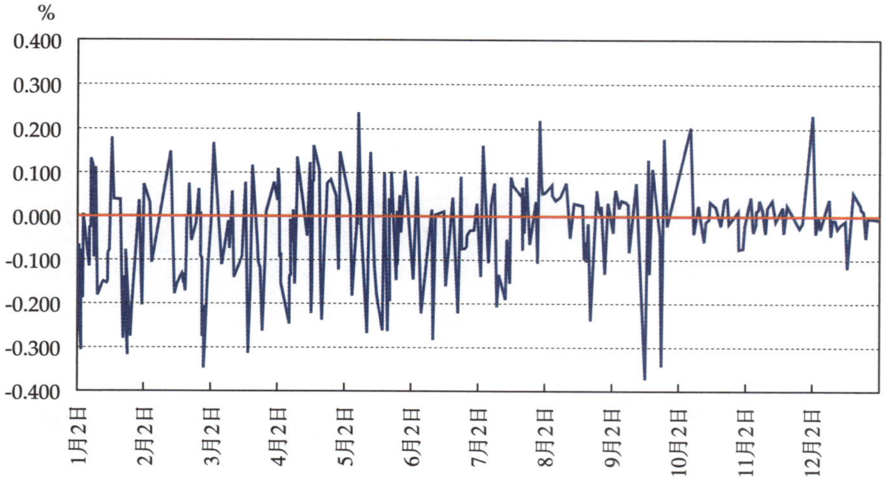


数据来源：中国货币网。

图5-7 2008年美元兑人民币中间价隔日变动率

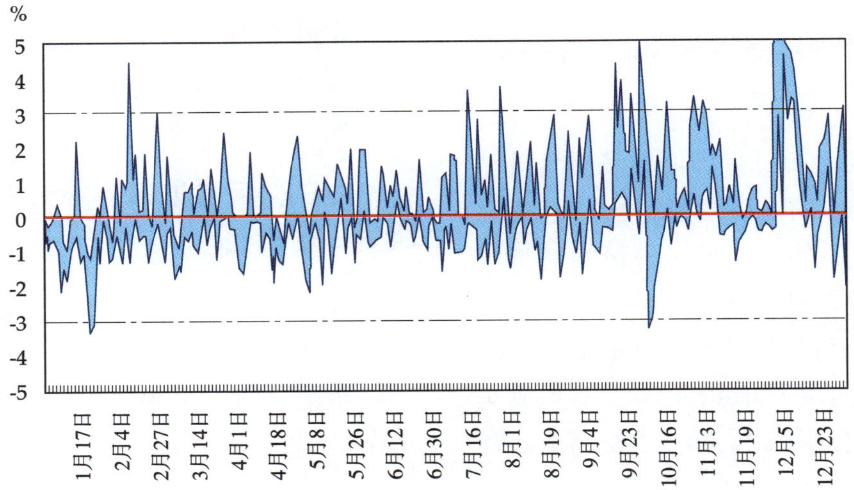


注：根据中国外汇交易中心即期询价交易的每日最高、最低报价绘制而得。最高价与最低价之间的带状区域为汇率围绕中间价的浮动区间。

数据来源：中国外汇交易中心。

**图5-8　2008年美元兑人民币汇率围绕中间价的浮动幅度**

民币中间价隔日变动率达到－0.37％。在全年246个交易日中，人民币对美元汇率中间价有130个交易日(占52.85％)相对前一交易日升值，有114个交易日(占46.34％)相对前一交易日贬值，有2个交易日相对前一交易日持平，继续表现为比较典型的双向波动。

2008年，从汇率单日波动情况看，在询价市场上，美元兑人民币汇率日均波幅为106个基点，相比2006年、2007年日均波幅65个基点和86个基点进一步扩大。在汇率围绕中间价波动方面，汇率波动幅度在2‰～5‰的天数占比达到21.6％，比2007年天数占比6.2％显著增加。其中，12月1日至4日汇率围绕中间价的波幅连续四个交易日均触及5‰的下限规定，充分反映了当时市场对人民币的贬值预期。

## 二、2008年外汇市场发展的特点

### （一）银行间外汇市场交易主体结构进一步完善

截至2008年12月末，银行间人民币外汇即期市场共有会员268家，其中外资会员131家；有做市商银行22家，其中外资做市商银行9家。银行间外币对市场共有会员银行70家，其中外资会员30家；有做市商银行15家，其中外资做市商银行为11家。2008年，银行间人民币外汇市场上，做市商银行交易量占比为88％；普通会员交易量占比为12％，市场份额比2007年上升3个百分点。

2008年，银行间人民币外汇市场新增1家中资非银行类金融机构后，中资非银行类金融机构和非金融机构（“双非”）机构数量达到4家。从总交易量和资金实力来看，目前“双非”机构的市场力量仍较小，尚需进一步壮大，但从市场买卖双边力量的平衡角度来看，“双非”机构净买入美元量排名靠前，对促进人民币外汇市场的发展具有积极意义。

### （二）会员交易的自主性不断增强

2008年，随着汇率弹性的进一步增强，银行间外汇市场上会员交易的自主性不断增强，市场的资金调度功能得以进一步发挥。

会员交易自主性的增强，有利于进一步活跃银行间外汇市场交易，更好地体现市场供求关系和汇率变动趋势，从而使银行间外汇市场的资金调度功能得以更充分发挥。

### （三）外资金融机构在银行间市场交易份额有所下降

2008年，外资金融机构在人民币外汇市场上的交易规模同比增长56%，市场占比为32%，较上年下降4个百分点。其中，外资做市商的市场占比为26%，较上年下降3个百分点。

2008年，外资金融机构在外币对市场的交易量为1 119亿美元，交易规模同比下降34%，市场占比为90%，较上年下降4个百分点。其中，外资做市商的市场占比为88%，较上年下降5个百分点。

## 三、外汇市场展望

### （一）不断完善人民币汇率形成机制

稳步推进人民币汇率形成机制改革，继续按照主动性、可控性和渐进性原则，进一步完善以市场供求为基础、参考一篮子货币进行调节、有管理的浮动汇率制度，发挥市场供求在人民币汇率形成中的基础性作用，保持人民币汇率在合理均衡水平上的基本稳定。

### （二）人民币汇率弹性将继续增强

2008年，人民币对美元即期交易价格弹性进一步增强，波动更加明显，全年人民币对美元即期询价交易价日均波幅达106个基点，较2007年日均波幅86个基点扩大了23%。尤其是下半年，受国际、国内经济形势影响，人民币交易价波幅明显扩大。其中，10月询价市场日均波幅达到150个基点，成为汇改以来日均波幅最大的月份；12月初，人民币交易价还连续触及0.5%的波动区间下限。预计2009年人民币汇率弹性还将继续增强，市场供求在汇价决定中将起到更大的作用。

### （三）稳步推动银行间外汇市场产品创新

以风险可控为原则，兼顾市场需求和风险防范，积极稳妥地推动银行间外汇市场产品创新。根据市场发展的客观规律和我国外汇市场的需求，积极推动外汇市场产品创新，加大研究开发外汇衍生产品，遵循“先易后难、循序渐进”的步骤，不断丰富外汇市场产品体系。加强对外汇创新产品及市场参与者的风险控制，防止因过度创新而引发外汇市场风险的堆积和传染。

# 第六章　黄金市场

2008年，受国际金融危机影响，国际贵金属市场价格波动剧烈，黄金价格也随之大起大落。相比其他金融资产而言，黄金因其抗跌避险特性颇受广大投资者青睐。2008年，中国黄金市场发展较快，上海黄金交易所场内现货黄金交易量稳居世界首位，1月9日黄金期货合约在上海期货交易所上市，形成了包括黄金现货、黄金期货以及OTC产品的多元化多层次发展格局，黄金市场的功能不断拓展和完善。

## 一、国内黄金市场运行情况

### （一）上海黄金交易所黄金现货市场发展良好

**1．交易规模创历史最高纪录**

2008年，上海黄金交易所各黄金品种累计成交4 457.62吨，同比增长143.84%；成交金额达8 683.87亿元，同比增长174.38%；日均交易量为18.15吨，同比增长140.34%。上海黄金交易所现货黄金交易规模实现了跨越式增长，并继续保持全球交易所市场黄金现货交易量第一的地位。

2008年，上海黄金交易所夜市时段黄金成交量达1 463.78吨，同比增长301.51%；夜市交易量占黄金总交易量的比重为32.79%，比上年增加12.85个百分点。

**2．递延产品占比继续大幅提升**

2008年，上海黄金交易所现货延期品种Au(T+D)增长显著。全年交易量达2 990.95吨，交易金额为5 831.04亿元，同比分别增长242.14%和282.22%；交易量占年度黄金交易总量的比重位居第一，达到67.01%，较上年增加19.19个百分点；交割比为24.33%，较上年下降15.40个百分点；年末持仓量为73.21吨，同比下降

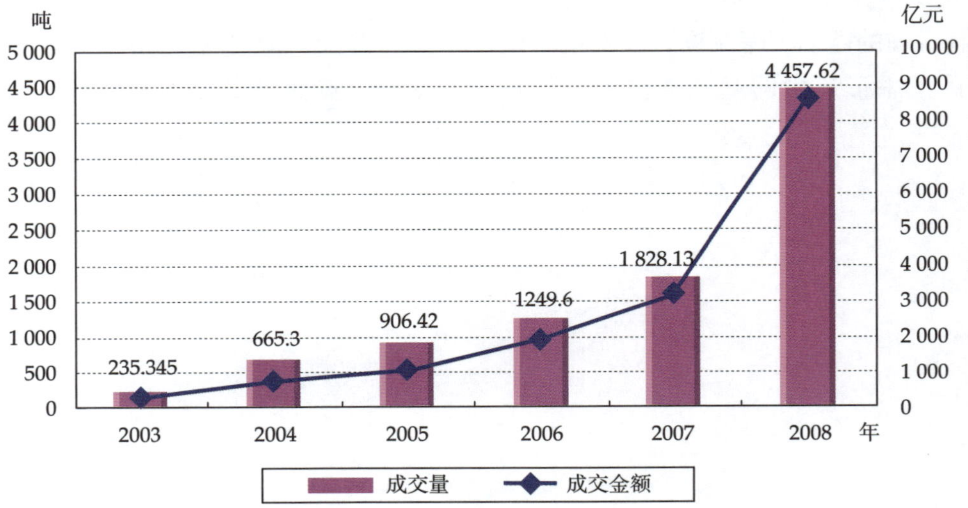


数据来源：上海黄金交易所。

图6-1　上海黄金交易所黄金交易量和交易额情况

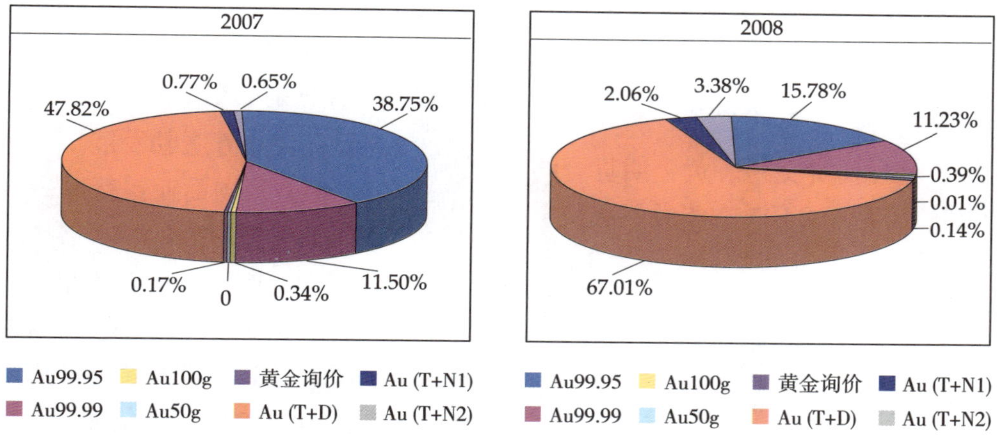


数据来源：上海黄金交易所。

**图6-2　2007年和2008年上海黄金交易所各黄金产品交易量占比**

2.27%。

### 3. 资金清算和实物交割量稳步提高

2008年，上海黄金交易所的清算银行增至9家，全年资金清算额达3 383亿元，同比增长57.06%。其中，自营业务清算额为2 276亿元，代理业务清算额1 107亿元。全年日均清算笔数为750笔，同比增长15.38%。实物黄金入库量为519.53吨，同比上升31.57%；实物黄金出库量为543.19吨，同比上升49.56%。

### 4. 市场主体队伍快速成长

2008年，上海黄金交易所会员总数达162家，较上年增加6家。增加的会员主要集中于金融类和外资金融类会员。截至2008年年末，会员代理的机构客户数量达到3 723家，比上年同期增长64%。截至2008年年末，上海黄金交易所个人客户开户数达到40.61万户，较上年年末增加了33.98万户。

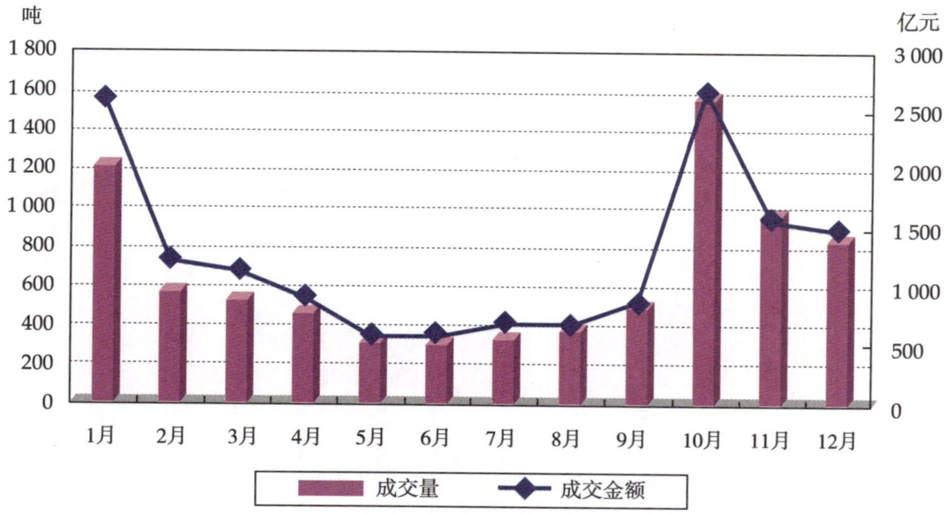


数据来源：上海期货交易所。

**图6-3　2008年国内黄金期货成交量和成交额**

## （二）上海期货交易所黄金期货业务顺利起步

**1. 黄金期货合约运行平稳**

2008年，上海期货交易所黄金期货合约累计成交778.1万手，约合7 781吨，成交金额为14 975.49亿元。全年日均成交量为3.1万手，约合31吨，日均成交金额为59.66亿元。

**2. 黄金期货合约交割顺利**

2008年6月17日，上海期货交易所首个黄金期货合约Au0806进入交割期，完成204公斤的首次交割，交割率为0.02%。12月，第二个主力合约Au0812进入交割期，交割量提升至498公斤，交割率为0.03%。

**3. 交易主体基本稳定**

截至2008年12月末，在上海期货交易所开办黄金期货业务的会员共174家，其中，自营会员数量为13家，经纪会员数量为161家。会员代理的法人客户近800户，个人客户约36 000户。

## （三）商业银行各类黄金业务迅猛发展

**1. 场内业务成倍增长**

2008年，各商业银行全年场内业务交易量达1 797.78吨，同比增长1.74倍，占交易所黄金总交易量的40.27%。其中，自营业务和代理业务分别成交1 540.87吨和256.91吨。

**2. 账户金业务蓬勃发展**

2008年，我国商业银行账户金累计成交1 423.71吨，同比增长2.54倍；成交金额为2 719.69亿元，同比增长2.95倍。其中，美元账户金累计成交91.16吨，成交金额折合173.39亿元人民币；人民币账户金累计成交1 332.55吨，成交金额为2 546.3亿元。

**3.个人实物黄金投资业务增长迅速**

商业银行个人实物黄金业务主要分为两类：一是代理个人投资上海黄金交易所的实物黄金业务；二是品牌金的销售和回购业务。截至2008年年末，国内开办个人实物黄金业务的商业银行有12家，客户数达40.61万户，全年累计成交65.25吨，同比增长2.72倍，成交金额为124.57亿元，同比增长2.95倍。2008年，商业银行实物金条的销售和回购业务累计成交37.25吨，同比增长2.71倍，成交金额为74.86亿元，同比增长3.1倍。

**4. 其他黄金业务平稳发展**

2008年，黄金寄售业务累计成交47.11

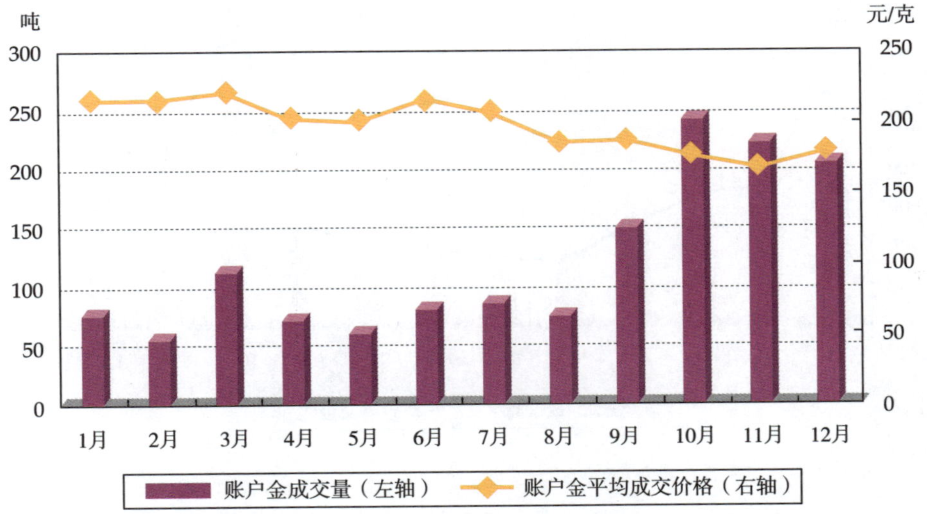


数据来源：中国人民银行上海总部。

图6-4 2008年商业银行账户金业务成交量价图

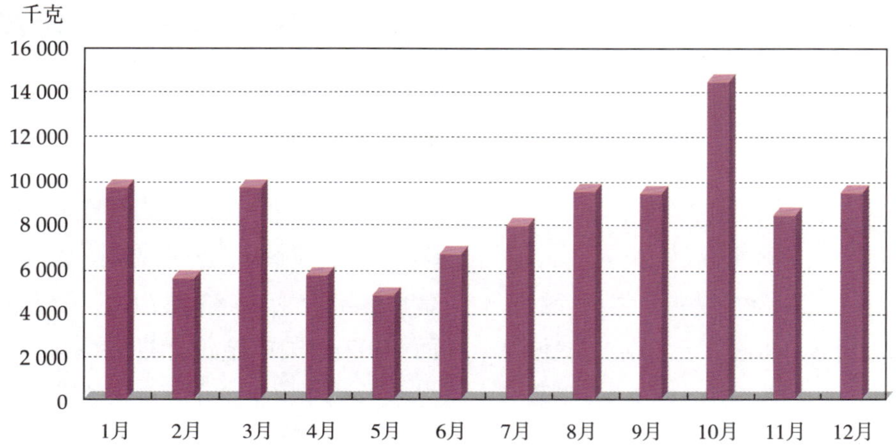


数据来源：中国人民银行上海总部。

**图6-5　2008年商业银行个人实物黄金业务成交量**

吨，成交金额为87.36亿元；黄金租赁业务累计成交73.99吨，成交金额为141.5亿元；黄金拆借业务累计成交11.4吨，成交金额为20.16亿元；黄金远期业务累计成交574.85万盎司，成交金额为54.44亿美元；黄金期权业务累计成交6.28万盎司，成交金额为0.58亿美元。

## 二、2008年黄金价格走势

2008年，黄金价格波动剧烈，价格走势大体分为四个阶段：年初至3月中旬一路走高，3月下旬至7月中旬高位振荡，7月下旬至10月下旬波动下行，10月下旬至年末出现

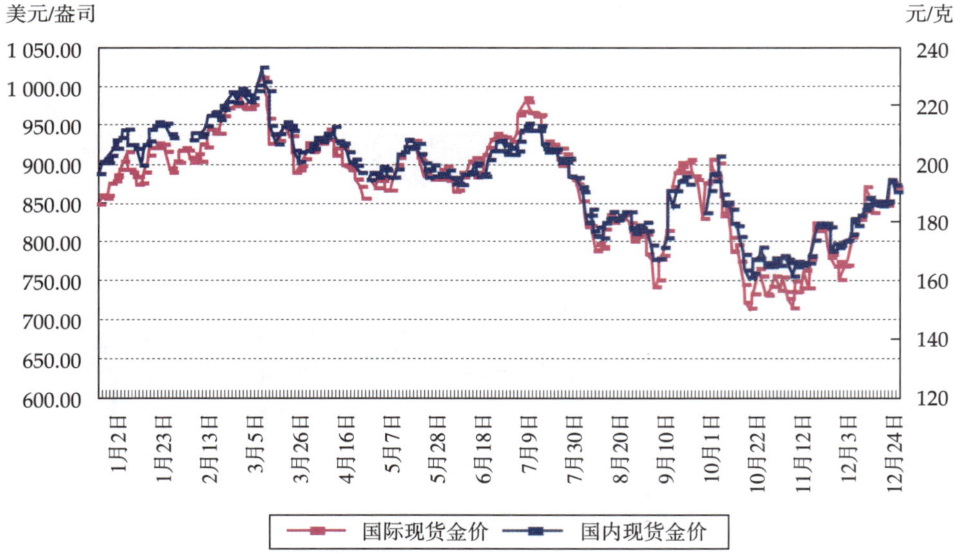


注：国际现货金价数据取自伦敦市场下午定盘价，国内现货金价数据取自上海黄金交易所Au99.95合约收盘价。

数据来源：世界黄金协会网站、上海黄金交易所、KITCO公司网站。

**图6-6　2008年黄金价格走势图**

反弹。国际现货金价年初开盘于846.75美元/盎司，3月17日攀升至最高价1 032美元/盎司，创1980年以来的历史最高纪录；10月24日创全年最低点681美元/盎司，年末报收于869.95美元/盎司，全年微涨2.74%。

国内金价走势与国际金价大体一致，呈现宽幅振荡。上海黄金交易所主力品种Au99.95年初开盘价为196.40元/克，3月17日创最高价234.50元/克，10月24日下探年度最低价157.10元/克，年末报收于190.12元/克，下跌3.20%，年度振幅达39.41%，为上海黄金交易所成立以来黄金价格波动最剧烈的一年。

2008年1月9日，国内黄金期货合约在上海期货交易所挂牌交易。主力合约Au0806以涨停价230.95元/克开盘，经过价格调整后，与国内外金价价差逐步缩小。年内，黄金期货主力合约Au0806于3月中旬创出年度最高价233.59元/克，Au0812于10月下旬创年度最低价148.89元/克，Au0906于年末报收于189.21元/克。

## 三、2008年黄金市场发展特点

### （一）黄金价格波动剧烈，国内外金价差异有所显现

2008年，受罕见的全球性金融危机影响，黄金价格走势呈现剧烈波动。全年国内金价标准差为16.63元/克，变异系数为8.51%，而2007年国内金价标准差为12.02元/克，变异系数为7.06%。全年246个交易日中，有157个交易日国内金价高于国际金价，有89个交易日国内金价低于国际金价。不计差价方向，2008年国内外金价平均差异为0.67元/克，而2007年的平均价差为0.22元/克。尤其是下半年受国内黄金实物需求旺盛和现货黄金供不应求的影响，10～11月出现了国内金价比国际金价高出近5元/克的情况。

### （二）黄金避险功能凸显，国内投资性需求增长强劲

2008年，黄金的投资避险需求明显，各类黄金产品受到投资者追捧。上海黄金交易

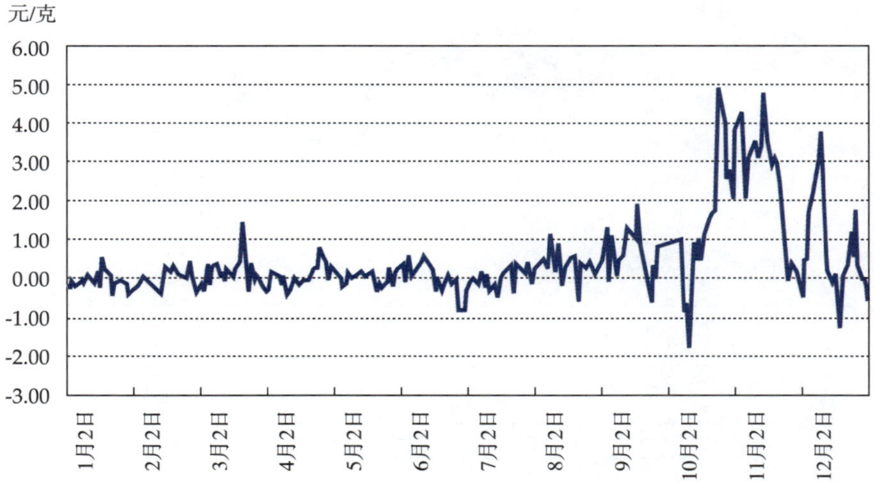


数据来源：中国人民银行上海总部。

图6-7 2008年国内外现货黄金价格差异图

所黄金现货延期品种Au(T+D)年交易量较上年增长2.42倍，对个人投资者开放的品种Au100g交易量较上年增长1.85倍，商业银行账户黄金和个人实物黄金业务成交量分别较上年增长2.54倍和2.71倍。年初，国内黄金期货的推出，进一步丰富了我国黄金市场的投资功能，不但为国内黄金生产企业套期保值锁定风险提供了便捷渠道，也为个人和机构投资者管理财富提供了新的投资品种。黄金期货上市以来，众多黄金生产企业、有色金属冶炼企业、金银首饰加工企业、贸易商等参与了套期保值交易。

### （三）黄金市场发展良好，国际影响力持续增强

2008年，我国黄金产业和黄金市场发展迅速。供给方面，作为世界产金大国之一，我国黄金矿产量继续保持稳定增长。2008年我国黄金产量达到282.01吨，同比增长4.26%。需求方面，对黄金的需求强劲，民间消费和投资需求均比2007年出现大幅提升。世界黄金协会统计显示，在2008年金价创历史高位的第一季度，全球黄金需求量大跌16%，而中国市场的黄金需求却同比上升15%。在良好的供给面和需求面的支撑下，中国黄金市场交易规模持续增长，上海黄金交易所的年成交量位居世界黄金现货交易市场之首，黄金期货于2008年在上海期货交易所上市以后，当年的成交规模便居世界第四位。

## 四、市场发展展望

由于起步较晚，我国黄金市场的发展还存在一些困难和问题，例如，法规制度建设相对滞后、投资者风险防范意识较弱、产品种类与层次不够丰富等。然而，当前国内外经济金融环境为我国黄金市场的发展提供了良好机遇。一是国际金融危机使黄金的避险属性受到更广泛关注；二是我国政府刺激经济拉动内需的政策为黄金市场发展创造了良好的现实条件。展望2009年，我国将会加强对黄金市场的监管，保持市场健康快速发展。

### （一）强化法规制度建设，规范黄金市场秩序

金融市场可持续发展离不开规范的法律制度和完善的监管制度。应增强各管理部门在黄金现货、黄金期货、商业银行黄金业务、黄金进出口等方面的监管合作，共同推动黄金市场的法规制度建设，提高黄金市场的监管效率，依法严厉打击各类非法黄金交易，逐步规范国内黄金市场交易秩序。

### （二）加强投资者教育，防范黄金市场风险

黄金市场作为国内金融市场体系中的子市场，当前国内投资者对投资黄金所应具备的专业知识了解有限，风险防范意识不高。应进一步加大宣传教育力度，通过多种方式向投资者宣传我国黄金市场的政策法规，进一步普及黄金市场基础知识，使投资者熟悉政策，了解黄金投资产品特性，强化风险防范意识，树立正确的投资理念，选择合法渠道参与黄金投资。

### （三）加大产品创新力度，深化黄金市场功能

目前，我国黄金市场还处于发展初期，进一步加大产品创新力度仍然是推动我国黄金市场发展的一个重要任务。应支持上海黄金交易所按会员需求开发出更多的交

易产品，鼓励上海黄金交易所为会员提供更优质的服务，支持商业银行开展面向机构和个人的黄金投资业务，支持商业银行开展黄金业务创新，鼓励商业银行对黄金企业提供信贷支持。随着越来越多的投资者参与黄金市场业务，我国黄金市场的功能将进一步深化和拓展。

# 第七章 期货市场

2008年，由美国次贷危机引发的金融危机愈演愈烈，国际宏观经济和金融市场形势错综复杂，导致国际上主要大宗商品价格急涨骤跌，国内期货品种价格波动剧烈。我国商品期货市场通过加大改革创新力度，加强监管和风险防范，推进基础设施建设，在全球宏观经济和金融市场动荡不安的背景下，保持了交易规模继续扩大、市场运行平稳有序、新品种成熟速度不断加快、市场功能逐步发挥的良好势头，为国民经济的持续健康发展提供了有力支持。

## 一、期货市场运行情况

2008年，我国期货市场成交规模再创新高，全年共成交13.64亿手，成交金额达到71.91万亿元，同比分别增长87.24%和75.52%，分别是2000年的25倍和45倍。期货市场交易规模已达到同期GDP的2.39倍。

从交易所看，上海期货交易所累计成交2.81亿手，同比增长63.93%，占全国成交量的20.57%；累计成交额为28.87万亿元，同比增长24.82%，占全国成交额的40.15%。郑州商品交易所累计成交4.45亿手，同比增长139.18%，占全国成交量的32.63%；累计成交额为15.56万亿元，同比增长162.91%，占全国成交额的21.63%。大连商品交易所累计成交6.38亿手，同比增长71.95%，占全国成交量的46.80%；累计成交额为27.48万亿元，同比增长130.49%，占全国成交额的38.22%。

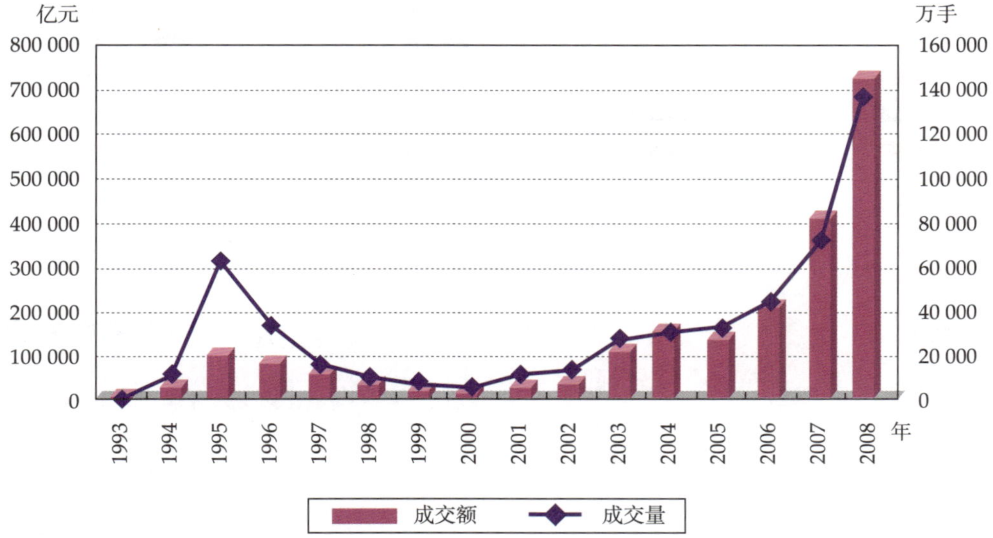


数据来源：中国期货业协会。

图7–1 1993～2008年期货市场成交量和成交金额

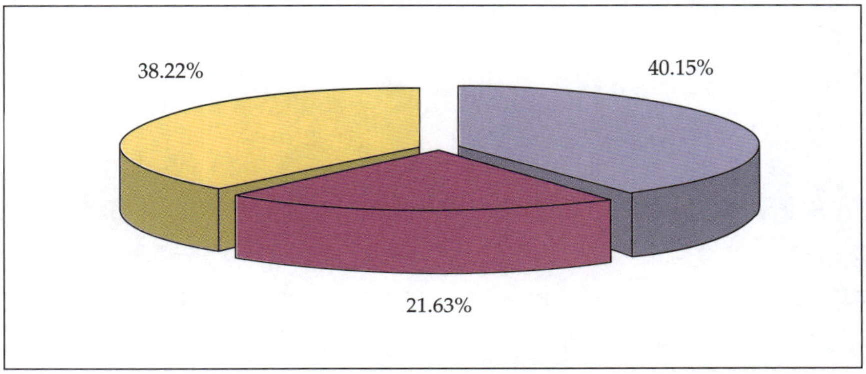


数据来源：中国期货业协会。

**图7-2 2008年各期货交易所成交额占比**

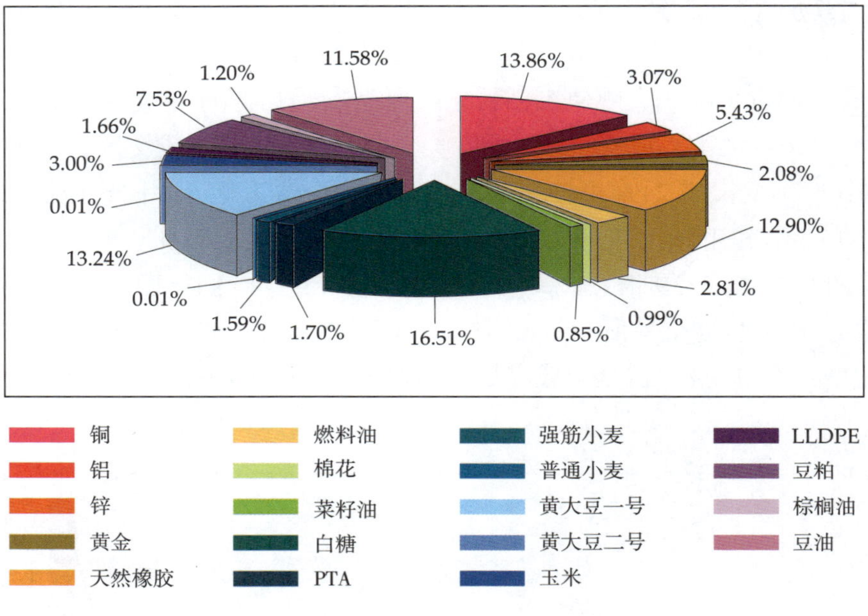


数据来源：中国期货业协会。

**图7-3 2008年各期货品种的成交额结构**

从期货品种看，大连商品交易所的线型低密度聚乙烯LLDPE、棕榈油，郑州商品交易所的菜籽油、普通小麦等期货品种的成交量和成交额同比大幅增加，增长异常迅猛。同时，上海期货交易所的铜、天然橡胶，郑州商品交易所的白糖，大连商品交易所的黄大豆一号、豆油等期货品种的交易额占全国成交额的比重超过10%，是主力交易品种。

## 二、期货市场运行的主要特点

### （一）价格波动更加剧烈

2008年，我国主要商品期货价格波动剧烈。上半年，在原油等国际大宗商品价格持续上涨和国内通货膨胀高企的推动下，多数期货品种维持牛市格局；下半年，国际油价迅速下滑，大宗商品价格纷纷回落，尤其在

"十一"长假前后，国际金融危机对国内市场的冲击集中爆发，期货市场大多数品种经历了连续跌停行情。

自"十一"长假结束后开始交易至10月31日，上海期货交易所所有品种各期货合约出现涨跌停板数量总计达425个，创出历史新高。从9月26日到11月7日，期铜跌幅达到44%，燃料油期货跌幅为42%，期锌跌幅为35%，天然橡胶期货跌幅为28%。再如大连商品交易所，其豆油期货、棕榈油期货、聚乙烯期货主力合约10月单月跌幅都达到30%左右，2008年全年各品种各期货合约涨

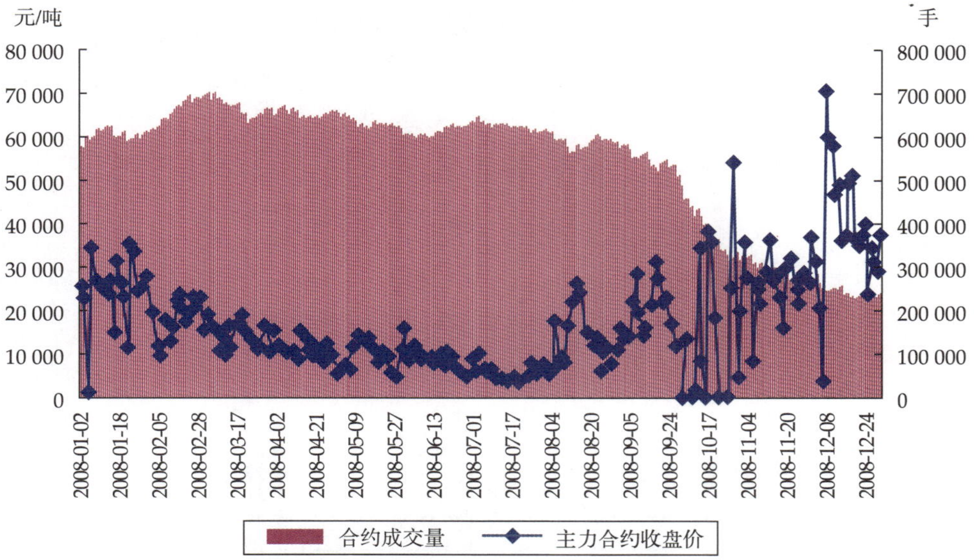


数据来源：上海期货交易所。

**图7-4 2008年铜期货成交量价图**

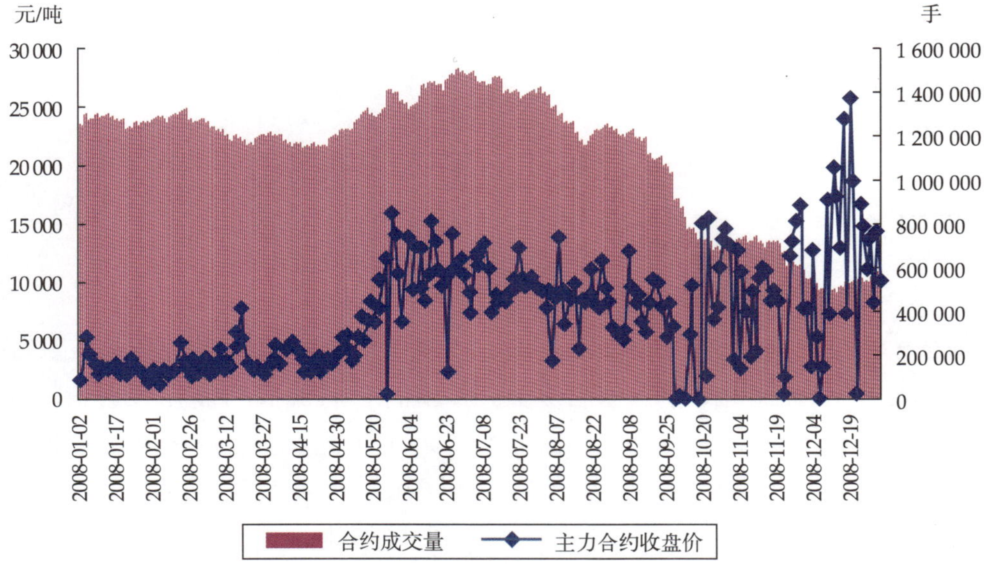


数据来源：上海期货交易所。

**图7-5 2008年天然橡胶期货成交量价图**

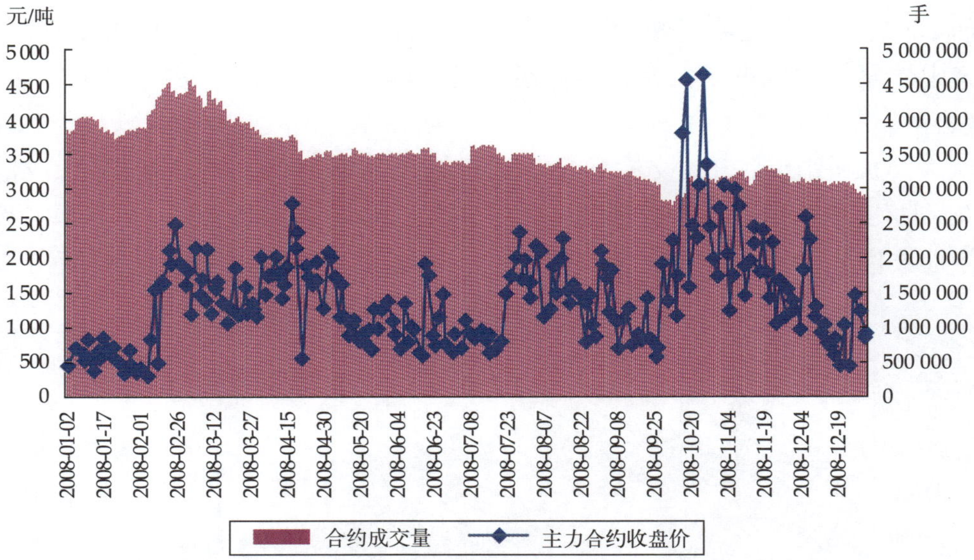


数据来源：郑州商品交易所。

**图7-6 2008年白糖期货成交量价图**

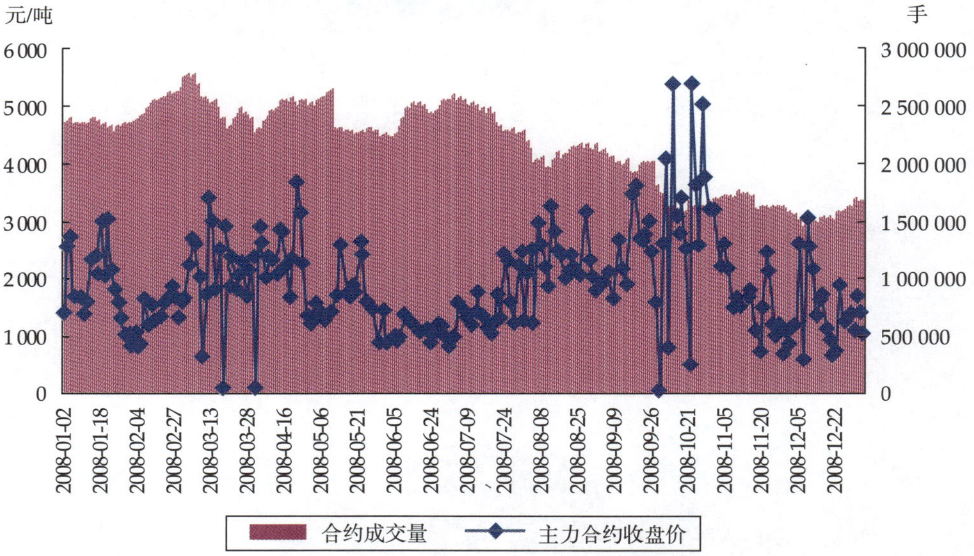


数据来源：大连商品交易所。

**图7-7 2008年黄大豆一号期货成交量价图**

跌停板超过2 232个，相当于2007年涨跌停板次数的10倍，2006年的20倍，创出历史之最。

## （二）市场功能进一步发挥

套期保值是期货市场基本的功能之一。在2008年大宗商品价格波动加剧的背景下，现货企业对冲风险的需求不断增强，期货市场的套期保值功能在金融危机中更加显现。大批企业通过参与国内商品期货交易，规避了国际市场大宗商品价格暴跌的冲击，避免了可能出现的资金链断裂和生产停滞等情况。结果表明，在存在期货品种的行业，仅有某些企业出现问题，但在没有期货品种的行业，却使整个行业出现危机。同时，期货市场的发展为企业的产品质量提供了参照标准，有助于提高企业的市场竞争力。2008年8月1日，江铜被LME认定为LME注册铜的测试工厂，标志着中国成为LME认可的拥有注册铜测试工厂的第13个国家。这不仅提高了企业的产品质量，更重要的是提升了企业在国际市场的知名度，增强了企业的国际竞争力。

### （三）市场影响力不断提升

随着交易规模的逐步扩大，我国商品期货市场的国际影响力日益提高。上海铜期货的交易量仅次于LME铜期货的交易量，位居世界第二位，根据上海期货交易所测算，其沪铜对伦铜价格的引导系数由2005年的23%上升到2008年的43%，“上海价格”已经成为国际铜市的重要风向标，被国际公认为除伦敦、纽约外的全球又一大定价中心。上海天然橡胶期货的多项指标均已超过东京工业品交易所，成为全球最大的天然橡胶期货交易市场。郑州商品交易所的粮油棉价格在国内外的影响力日益提升，已被纳入全球定价体系。在“中国价格”的带动下，“中国标准”的影响力也不断增强。2009年1月5日，经上海期货交易所审核，美国自由港迈克墨伦公司生产的“PD”牌高纯阴极铜获准注册。这是国内期货市场首次批准境外交割品牌注册，标志着我国在交割环节的国际化进程中迈出了重要一步。

### （四）期货公司扩张加快

2008年，全国各期货公司加快推动营业网点的铺设工作。根据中国证监会统计，截至11月20日,合规经营的期货营业部数量已达626家，新增约200家。其中,上海、浙江、大连辖区的期货营业部数量最多，分别为74家、61家和56家。中国证监会于2008年11月发布了修订后的《期货公司设立、终止营业部审批办法》，规定期货公司设立营业部，不仅应当征求“期货公司住所地”的中国证监会派出机构的意见，而且应当征求“期货公司所有已设营业部所在地”的中国证监会派出机构的意见。这一新增的程序性要求将增加设立营业部获批的技术性门槛，有利于促进期货公司的规范运作。

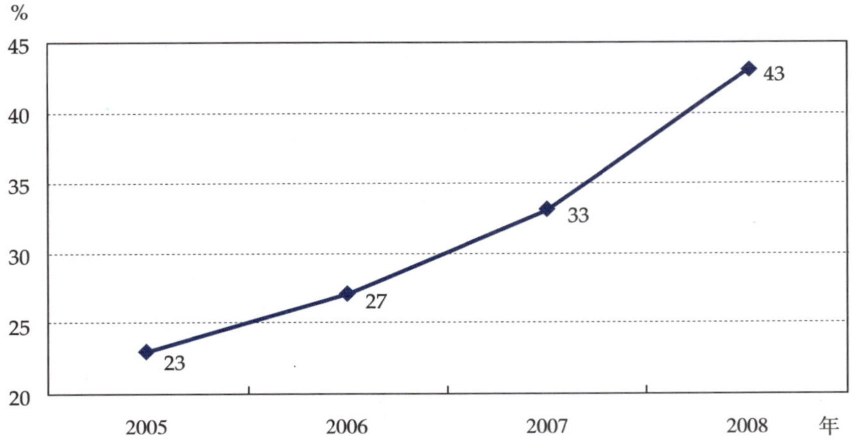


数据来源：上海期货交易所。

图7-8 2005～2008年沪铜对伦铜价格的引导系数

## 三、期货市场制度建设

### （一）推出期货公司首席风险官制度

为了完善期货公司治理结构，加强内部控制和风险管理，促进期货公司依法、稳健经营，维护期货投资者合法权益，根据《期货交易管理条例》、《期货公司管理办法》和《期货公司董事、监事和高级管理人员任职资格管理办法》，中国证监会于2008年3月发布了《期货公司首席风险官管理规定(试行)》，自5月1日起施行。首席风险官是负责对期货公司经营管理行为的合法合规性和风险管理状况进行监督检查的期货公司高级管理人员。首席风险官向期货公司董事会负责。首席风险官制度的实施将对期货公司合法合规经营、风险内控机制完善以及期货市场诚信文化建设起到积极的促进作用。

### （二）严格落实期货投资者开户实名制

依照中国证监会2007年12月《关于进一步加强期货公司开户环节实名制工作的通知》的要求，截至2008年6月1日，期货公司开户环节实名制工作已全面落实。开户实名制要求期货投资者首次办理开户手续或者申请新的交易编码时，自然人投资者必须本人亲自办理开户手续，不得委托代理人代为办理开户手续，机构投资者必须出具授权委托书、代理人的身份证和其他开户证件，期货公司应当对照核实投资者本人或代理人的真实身份，确保投资者期货结算账户户名与其本人姓名或名称准确和完全一致。开户实名制从源头上保证了期货投资者资料的真实、准确和完整，为促进期货公司规范运作、深化投资者教育、保护投资者的合法权益奠定了基础。

### （三）出台《关于规范控股、参股期货公司有关问题的规定》

为了进一步明确对期货公司股东的监管要求，理顺期货公司股权关系，促进期货公司做优做强，防止控股股东与期货公司以及关联期货公司之间出现风险传递、不当利益输送等问题，2008年5月中国证监会出台了《关于规范控股、参股期货公司有关问题的规定》，自6月1日起施行。该规定要求，同一主体控股和参股期货公司的数量不得超过2家，其中，控股期货公司的数量不得超过1家，并要求不符合规定的及时整改，在该规定施行之日起2年内达到监管要求。该规定将对欲利用原市场准入制度，大量参股、控股期货公司股权以在未来获利的公司形成“防火墙”，有利于期货公司的健康发展。

### （四）允许商业银行参与黄金期货交易

为了规范商业银行从事境内黄金期货交易业务，有效防范风险，2008年3月，中国银监会办公厅下发了《关于商业银行从事境内黄金期货交易有关问题的通知》。该通知规定，资本充足率达到8%、具有衍生产品交易资格、具有黄金现货交易资格、具有完善的市场风险管理能力等条件的商业银行可通过申请成为期货交易所会员的方式从事境内黄金期货交易。这是我国商业银行首次获准参与境内期货交易，为商业银行提供了管理黄金现货业务风险的工具，有助于我国构建多层次的黄金市场体系，同时也意味着期货市场的投资者队伍得到加强、投资者结构更趋合理。

## 四、期货市场创新

### （一）上海期货交易所推出黄金期货

2008 年 1 月 9 日，黄金期货获准在上海期货交易所上市交易。6 月 23 日，黄金期货首个合约——AU0806 合约顺利通过首次实物交割检验，取得了从挂牌上市到摘牌交割全过程的阶段性成果。一年来，黄金期货市场运行平稳，全年累计成交 778.1 万手，成交金额达 14 975.49 亿元。上海黄金期货价格和现货价格的联动性明显，期货近月合约和现货价差基本缩小至 5 元 / 克，有力地推动了现货市场的发展，同时与国际黄金期货价格的相关性也较强。稳步开展黄金期货交易，有利于进一步完善黄金价格形成机制，形成现货市场、远期市场与期货市场互相促进、共同发展的局面，使我国在国际黄金市场争得更多的定价权，有利于金融机构和黄金生产消费企业利用黄金期货套期保值、管理风险，有利于规范黄金市场流通秩序、有效打击非法黄金活动和变相黄金期货交易，也有利于丰富期货市场的功能、拓宽期货市场服务国民经济的广度和深度。

### （二）标准仓单质押贷款业务稳步推进

标准仓单质押贷款是指借款人以其自有的标准仓单作为质押担保，向商业银行申请用于其正常经营活动资金周转所需的短期人民币流动资金贷款业务。从国际经验看，标准仓单质押贷款业务发展已相对成熟。在国内，以期货标准仓单向商业银行申请质押贷款，一直有着巨大的市场需求。相比一般仓单，期货市场的标准仓单由交易所统一制定并注册后方能生效，因此信用等级更高，可以作为一种优质质押品。2008 年年初，中国建设银行河南省分行与万达期货公司完成了一笔标准仓单的质押登记手续。此次仓单质押贷款的发放，标志着这一创新业务进入了实质性操作阶段。对现货企业而言，标准仓单质押贷款解决了企业在交割回款前占用大量资金的问题，提高了企业资金的使用效率，尤其是解决了中小企业融资难的问题；对期货公司和商业银行而言，标准仓单质押贷款业务丰富了为企业客户提供服务的内容，是一项多方共赢的业务创新。

### （三）基于交易所系统的跨品种套利交易指令面世

2008 年 4 月 18 日，大连商品交易所推出跨品种套利交易指令，这是国内期货市场首次推出基于交易所系统的跨品种套利交易指令。该指令适用于黄大豆一号与豆粕以及豆油和棕榈油指定合约之间的套利交易，必须是买入（卖出）一个品种指定合约，同时卖出（买入）相等数量的另一品种指定合约。跨品种套利交易对期货投资者来说，提供了多市场跨品种套保、套利的途径，增加了现货贸易企业锁定利润、规避风险等目标实现的可能性。跨品种套利指令的推出表明国内期货市场继跨期套利交易实现后，在交易机制创新方面又迈出了重要一步，丰富了期货投资者的品种选择，推动了期货交易技术的不断成熟和完善，也有助于期货市场价格发现功能的进一步发挥。截至 2009 年 2 月 25 日，大连商品交易所共有 121 家会员、1 644 个客户参与跨品种套利交易指令委托，委托总量约 3 000 万手，成交量近 1 500 万手。

## 五、2009年期货市场展望

### (一)期货成交规模有望保持增长，功能将进一步发挥

2008年，全球金融危机爆发，国际大宗商品价格急涨骤跌，我国商品期货市场受到了一定的冲击，价格波动比较剧烈，对市场投资的情绪有所影响。随着政府有关部门及时出台风险防范、产品收储、提高最低收购价格、发放补贴等一系列积极的政策措施，国内商品期货市场将保持稳步发展态势，成交规模仍有增长潜力，尤其是一些适应市场发展需求、满足投资者需要的品种将实现快速增长。同时，随着现有期货品种合约和相关业务规则的不断调整和完善，交易、结算和交割机制的创新发展，影响现有产品功能发挥的制约因素逐步消除，我国商品期货市场将更加贴近现货市场，其价格发现功能和套期保值功能将得到进一步发挥。

### (二)期货品种有望进一步丰富，品种体系将更加健全

目前，我国三大期货交易所的期货品种仅有19个。根据我国经济发展的具体情况，我们需要结合国际期货市场的经验，稳步推进期货品种创新，进一步完善期货市场产品结构，并由此带动相关行业发展，更好地服务国民经济。2008年12月，国务院办公厅下发《关于当前金融促进经济发展的若干意见》，提出“推动期货市场稳步发展，探索农产品期货服务‘三农’的运作模式，尽快推出适应国民经济发展需要的钢材、稻谷等商品期货新品种”，我国期货市场的品种创新有望取得进展。我国是全球最大的普通线材和螺纹钢生产国和消费国，同时也是世界上重要的稻谷生产和消费大国，推动钢材和稻谷等商品期货品种上市，将有利于有关产品的生产、流通、消费企业有效规避市场波动风险，同时形成的期货价格将对国内外市场产生重大影响，使得我国在全球商品市场的定价体系中争得更大的话语权。

### (三)研究培育专业化的机构投资者，投资者结构将改善

我国期货市场的投资者结构与国际市场有很大不同。在国外，通常现货企业是市场的主要参与者，其后基金等专业投资者入市，个人大多通过基金、委托理财等方式进入市场，形成了专业投资者为主体的市场结构，如美国期货市场的专业投资者持仓超过90%。在国内，中小散户是期货市场最初的参与者，其后在交易所的大力推介引导下才有现货企业进入，目前市场上法人投资者的交易量和持仓量占市场份额仍然较低。这导致市场上现货企业参与不足、专业机构投资者匮乏，制约了期货市场功能的有效发挥和长远发展。要研究培育期货市场机构投资者的相关法规政策，稳步发展专业化的机构投资者，不断改善投资者结构，进一步提高期货市场的定价效率和流动性，满足广大现货企业利用期货市场发现价格和套期保值的需要。

### (四)期货公司分类监管即将开展，业务范围有望拓宽

在风险控制制度完善、监管可覆盖的前提下，鼓励和支持优质期货公司围绕主营业务开展业务创新、产品创新和技术创新，探索改善期货公司盈利模式的有效路径，是我国期货行业健康发展的必然选择。要在进一步落实以净资本为核心的监管制度的基础上，适时启动期货公司分类监管工作。根据

期货公司的风险管理水平和抗风险能力对其进行分类，对不同类别的公司实行差异化监管政策。通过分类监管，扶优限劣，加大对资本实力强、风险管理能力强、经营管理规范的期货公司的扶持力度。要进一步明确期货公司的功能定位，引导期货公司发展成为专业的期货经纪商。研究探索期货公司中介服务模式，支持期货公司服务现货产业、服务企业套期保值。积极探索优质期货公司开展境外期货代理业务的途径和办法。

# 第八章　金融衍生产品市场

## 一、人民币利率衍生产品市场

2008年，我国人民币利率衍生产品市场准入门槛进一步降低，交易层次越发分明，参与者类型不断丰富、数量逐渐增多，交易活跃程度日益提高，交易业务风险得到有效控制，市场整体呈现出快速发展的势头。

### （一）利率互换规模快速增长，成交利率先导性特征突出

2008年，利率互换业务累计成交4 040笔，同比增长106.02%；名义本金总额为4 121.50亿元，同比增长90.07%。在交易规模的月度分布上，7月的交易量达到2008年的最大值，呈现“中间高、两头低”的特征。7月以后市场成员对政策力度与政策手段出现差异性预期，市场套利空间与锁定利率成本的需求大幅上升是形成这一特征的主要原因。

从成交利率来看，2008年互换成交利率上半年振荡上行，下半年大幅下降。以市场交易最活跃的1年期7天回购定盘利率互换为例，该类交易的利率从年初的3.6%左右下降到年末的0.8%左右，一年内下降280个基点，较同期7天回购利率多下降了100个基点。从利率变化趋势上看，6月中旬开始互换利率就出现持续下降，而7天回购及政策性金融债利率直到9月以后才出现持续下降趋势。这表明互换利率在一定程度上反映了市场成员对未来利率走势的预期，其先导性特征进一步加强。

从浮动参考利率来看，2008年利率互换交易浮动参考利率有Shibor（O/N）、Shibor（1W）、Shibor（3M）、7天回购定盘利率（FR007）和1年定期存款利率。其中，以7天回购定盘利率为基准的互换交易名义本金金额最大，达2 962.18亿元，占所有交易的71.87%；以Shibor为浮动参考利率的利率互换交易名义本金额为896.59亿元，占全部交易的21.75%。以Shibor(1W)为浮动利率基准的互换交易从

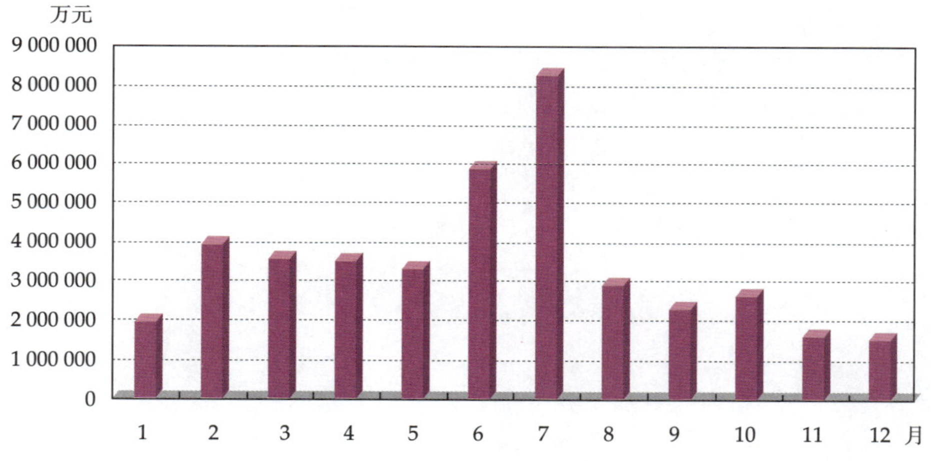


数据来源：中国外汇交易中心。

图8-1　2008年利率互换月度交易量

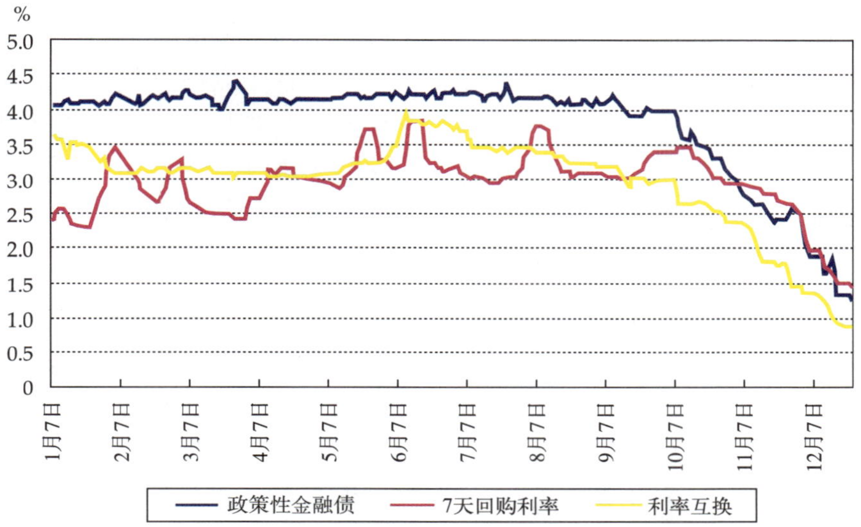


数据来源：中国外汇交易中心。

**图8-2 2008年利率互换、回购及金融债利率走势**①

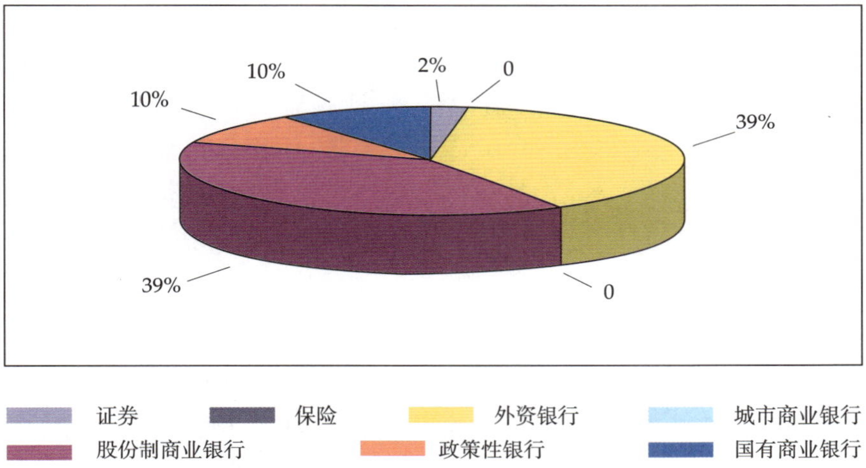


数据来源：中国外汇交易中心。

**图8-3 2008年利率互换交易量机构类别分布**

2008年第二季度才开始出现，其交易笔数和成交名义本金金额较少，全年仅发生11笔交易，名义本金为3.5亿元。

从合约的整体期限来看，利率互换业务的交易期限涵盖了从1个月期至10年期的几乎全部关键期限，但交易主要集中在1～5年期，其名义本金占全部交易的84.91%。其中，1年期合约名义本金总额最高，达1 669亿元，占全部交易的40.49%；5年期和3年期合约分别占全部交易的16.78%和12.73%。从个体品

①在这里，互换利率指的是以7天回购定盘利率为参考利率的1年期利率互换交易中所支付的固定利率。由于7天回购利率较易受其他因素干扰，短期波动幅度较大。为避免单日回购利率波动影响分析，在这里使用的是5个交易日移动平均值。政策性金融债利率指的是政策金融债收益率曲线中1年期利率。由于并不是每天都有交易，为方便比较这里只选取了有1年期7天回购定盘利率互换交易的交易日数据。

种的交易期限来看，以FR007、Shibor（O/N）和Shibor（3M）为基准的互换交易中，1年期合约交易量均为最高；但在以1年定期存款为基准的利率互换交易中，5年期合约交易最为活跃，名义本金达216.75亿元，占比为5.26%。

从参与机构情况看，截至2008年年末，共有65家金融机构完成利率互换操作规程与内部风险控制备案工作，获得利率互换交易资格。其中，银行类金融机构51家，证券公司13家，保险公司1家。2008年，有42家金融机构投资者发生了实际交易，包括25家中资金融机构和17家外资金融机构；单边交易名义本金额超过100亿元的有14家，外资银行和股份制商业银行交易比较活跃，其交易量各占利率互换总交易量的39%，交易活跃的金融机构大部分为银行间债券市场或外汇市场的做市商。

### （二）远期利率协议交易量迅速增长，成交利率先平后降

2008年远期利率协议累计成交137笔，名义本金总额为113.6亿元，交易量同比增长981.9%，参考利率全部为3个月Shibor。全年远期利率协议各交易品种走势高度吻合，成交利率上半年比较平稳，10月以后成交利率快速下降到2%以下，主要交易品种3M × 6M全年下降321个基点。

从交易的远期期限来看，远期利率协议的远期期限均在1年以内，其短期利率衍生产品的特点非常显著。其中，3个月远期交易的名义本金额最高，达36.8亿元，占全部交易的32.39%；其次为6个月，名义本金额为29.8亿元，占比为26.23%；再次为1个月，名义本金额为24亿元，占比为21.13%。1个月、3个月和6个月三个关键期限的交易量占到全部交易量的79.75%。

相较于利率互换市场，远期利率协议市场的参与机构较少，类型也比较单一。截至2008年年末，共有45家金融机构完成远期利率协议内部操作规程和风险管理制度备案工作，获得远期利率协议交易资格。其中，银行类金融机构有37家，证券公司有7家，保险公司有1家。2008年实际发生交易的金融机构投资者有11家，全部为银行类金融机构，其中，中资金融机构有8家，外资金融机构有3家，但外资金融机构交易量占到远期利率协议交易总量的60%。

### （三）债券远期交易规模增长较快，7天期限交易品种居多

2008年债券远期共达成交易1 326笔，累计成交5 003亿元，同比增长98.9%；从交易量的月度分布来看，1月交易最为活跃，此后逐月下降，至5月开始上升，8月达到年内第二个交易高峰，随后交易量又一次逐月下降。

从期限结构看，7天品种是最为活跃的债券远期品种，共成交3 748亿元，占市场总交易量的74.9%；从标的债券种类看，中央银行票据成交量放大，累计成交3 273.1亿元，占同期债券远期交易总量的65.4%，其他依次是政策性金融债、短期融资券和国债，分别占同期债券远期交易总量的26.7%、2.9%和2.0%。

从参与者角度看，2008年参与债券远期交易的市场成员共计49家，股份制商业银行、城市商业银行和国有商业银行交易比较活跃，其交易量分别占债券远期总交易量的39%、30%和25%，单边交易本金额超过100亿元的有15家。

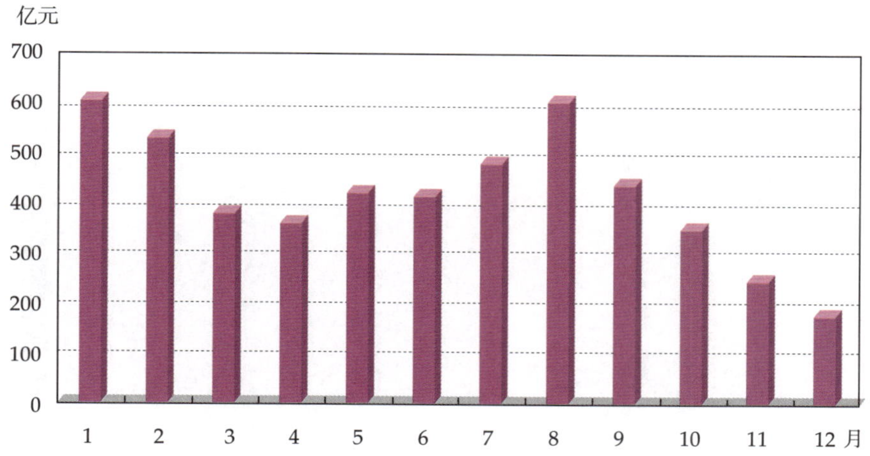


数据来源：中国外汇交易中心。

图8-4 2008年债券远期交易量月度分布

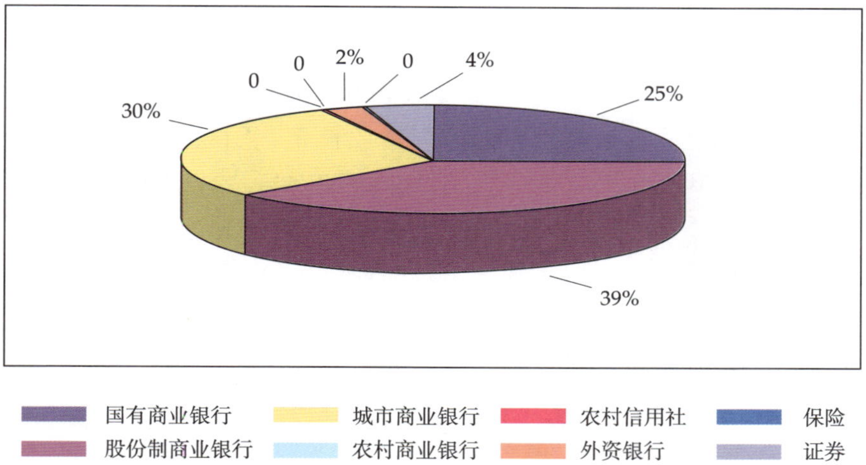


数据来源：中国外汇交易中心。

图8-5 2008年债券远期交易量机构类别分布

## 二、人民币汇率衍生产品市场

2008年，在国际金融危机背景下，人民币汇率的波动幅度加大，企业规避汇率风险的意识相应提高，对远期和掉期等人民币汇率衍生产品的需求增加，银行间汇率衍生产品市场取得了较快发展，全年的总成交量达到4 577亿美元，同比增长36%。同时，随着人民币即期汇率升值速度的逐月回落，自汇改以来的市场单边升值预期逐渐淡化，汇率衍生产品报价的波动性增强。

### （一）人民币外汇掉期交易量大幅增长

2008年，人民币外汇掉期市场共达成2.4万笔交易，成交金额折合4 403亿美元，日均成交18亿美元，同比增长37.3%。2008年，有美元/人民币、港元/人民币、日元/人民币和欧元/人民币四个品种发生掉期交易，分别成交4 394亿美元、38亿港元、153亿日元和2亿欧元。交易期限主要集中在3个月

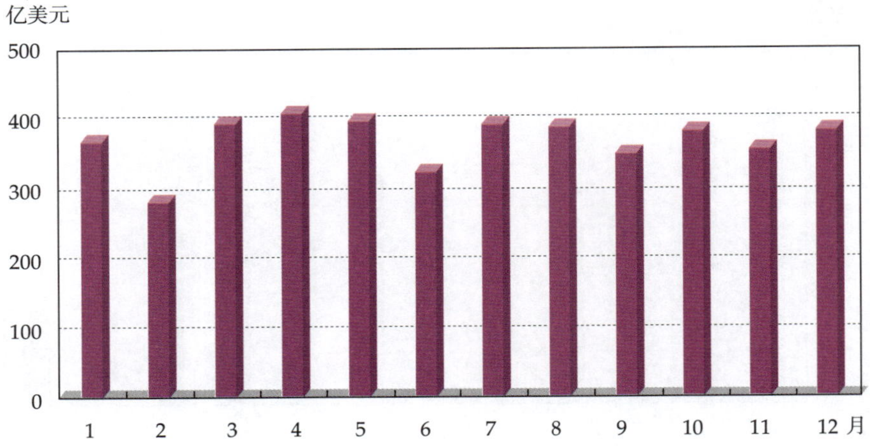


数据来源：中国外汇交易中心。

图8-6 2008年外汇掉期交易情况

期限以内，其中，隔夜美元掉期成交 1 908 亿美元，占掉期成交总金额的 43.4%，比 2007 年上升 3 个百分点，其中，在 12 月达到 57% 的最高点，主要原因是次贷危机加剧后银行偏好隔夜交易以规避违约风险。

## （二）人民币外汇远期业务有所缩减，交易期限集中于 1 年以下

2008 年全年，人民币外汇远期市场共交易 2 890 笔，成交金额折合 174 亿美元，日均成交 0.7 亿美元，同比下降 23.7%，主要因人民币升值预期逐渐淡化使银行远期客盘规模缩减。2008 年，有美元 / 人民币、港元 / 人民币、日元 / 人民币和欧元 / 人民币四个品种发生远期交易，分别成交 169 亿美元、10 亿港元、3 亿日元和 2 亿欧元。其中，9 个月期至 1 年期成交 63 亿美元，占远期成交总量的 36.4%；1 年以上期限成交较少，9 个月以下期限成交分布比较均匀。

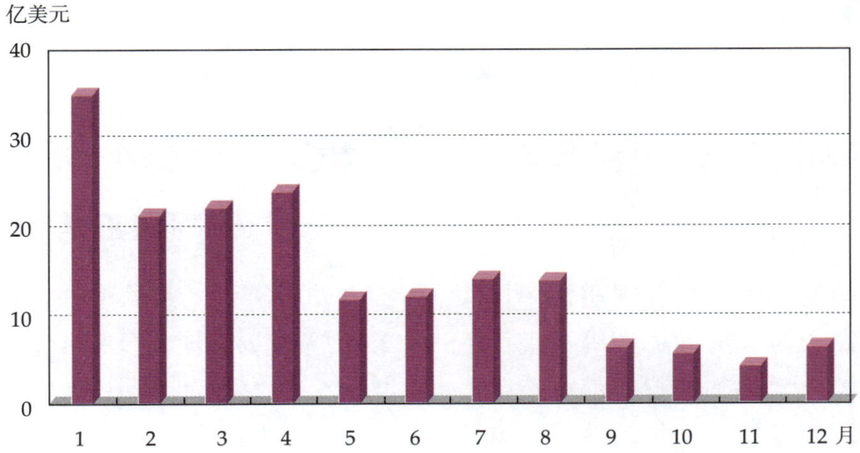


数据来源：中国外汇交易中心。

图8-7 2008年外汇远期交易情况

## 三、股票衍生产品市场：权证产品流通总量和市值下降

经过几年的发展，我国股票衍生产品市场有了长足的进步，市场品种、交易活跃度都有了很大的提升。但目前我国股票衍生产品市场仍只有权证及可转债两种产品。传统型可转债由于受到分离式可转债的替代与分流，发行量越来越少，而分离式可转债只是股票认购权证与债权的简单组合。因此，目前的股票衍生产品市场主要就是权证市场。而目前我国权证市场由于存在市场品种比较单一、市场规模相对较小等方面的不足，导致权证避险功能得不到充分发挥，权证投机氛围过于浓厚，权证市场风险程度较高。

2008 年，由于国内股票市场持续低迷，作为股票衍生产品主体的权证产品流通总量和市值均有所减少，但隐含波动率和溢价程度加大。截至 2008 年 12 月 31 日，权证市场共有 17 只权证流通，均为认购权证。除阿胶 ECJ1 为股改权证外，其余 16 只均为分离式可转债的权证。2008 年年末，权证流通总量为 91.99 亿份，较 2007 年年末减少了 43.65%，总市值为 171.9 亿元，较 2007 年年末减少了 63.96%。权证市场全年共成交 6.97 万亿元，是 A 股市场成交总额 26.33 万亿元的 26.47%。

2008 年，股票权证产品的运行呈现以下几个特点：一是权证与其正股变化的关联性增强。2008 年，权证市场价格基本与 A 股市场同涨同跌，且多数认购权证的杠杆都在 2 倍以下，权证涨跌幅放大效应并不明显，这表明权证市场与 A 股市场的关联性增强。二是权证整体隐含波动率大幅上升。2008 年前三个月，股票指数深幅下跌初期，份额权重大的钢铁认购权证处于负溢价状态，即隐含波动率为零，导致加权隐含波动率整体处于低位。随着钢铁股深幅下挫，钢铁认购权证的负溢价消失，由价内程度转变为价外程度，隐含波动率从零跃起，认购权证整体隐含波动率上升至极高值。实际上，这种类型的隐含波动率变动方式降低了权证对正股价格的指导意义。三是权证溢价程度加剧。2008 年，权证的加权溢价率从年初的 -2.37% 上行至年末的 179%。加权溢价率的逐步上升，主要原因是权证的标的股票深幅下跌，而场内资金较为活跃，使得认购权证下跌幅度要小于标的股票，加剧溢价程度。

## 四、2008 年金融衍生产品市场制度建设

### （一）利率互换业务全面启动

经过两年的试点，2008 年 1 月 18 日，中国人民银行发布《关于开展人民币利率互换有关事宜的通知》全面开展利率互换业务。该通知发布后，利率互换市场的准入门槛进一步降低，将市场参与者从获准开办衍生产品交易业务的商业银行及其存贷款客户扩大至所有银行间市场成员。同时，该通知也重新确定了市场参与者的层次结构，规定在所有的市场参与者中，具有做市商或结算代理业务资格的金融机构可与其他所有市场参与者进行利率互换交易，其他金融机构可与所有金融机构进行出于自身需求的利率互换交易，非金融机构只能与具有做市商或结算代理业务资格的金融机构进行以套期保值为目的的利率互换交易。此外，该通知将交易备案的时效性进一步提高，对未通过全国银行间同业拆借中心交易系统进行的利率互换交易，由每旬后的 3 个工作日备案改为于交易达成后的下一工作日 12:00 前备案，极大地提高了监管部门及市场成员对人民币利率衍生

产品市场整体运行情况掌握的及时性。

### （二）金融衍生产品交易的风险管理新规发布

2008年10月，中国银行间市场交易商协会组织市场成员制定发布了《银行间市场金融衍生产品交易内部风险管理指引》。该指引对市场参与者开展金融衍生产品业务的交易前准备、风险管理、会计核算、信息披露和监督检查等内容提出了自律要求，引导市场参与者有效地控制金融衍生产品交易业务风险。

### （三）金融衍生产品主协议合并工作完成

为解决NAFMII主协议和CFETS主协议并存可能给市场参与者造成的法律风险和业务困扰，加强场外金融衍生产品市场的整体风险控制，中国人民银行在2008年8月召开行长专题会议，明确对NAFMII主协议和CFETS主协议进行合并。根据会议精神，在中国人民银行和国家外汇管理局领导下，中国银行间市场交易商协会牵头成立了主协议合并工作小组，启动了主协议合并工作。2009年3月，《中国银行间市场金融衍生产品交易主协议》（2009年版）（以下简称《主协议》（2009年版））已经中国人民银行和国家外汇管理局同意备案并发布。《主协议》（2009年版）在继承原NAFMII主协议和CFETS主协议精髓的基础上，结合了国内实践需求和国际最新经验，强化了衍生产品交易单一协议、终止净额等基础制度，规范了衍生产品交易终止处理机制、履约保障机制及常用定义，为防范衍生产品市场风险、提高衍生产品市场运行效率提供了有力的保障。

### （四）融资融券业务和股指期货制度建设进一步完善

2008年4月24日，中国证监会发布《证券公司监督管理条例》，该条例把融资融券业务正式列入券商业务中，对开展融资融券业务的条件、客户融出资金和证券的存管问题及信托性质作了规定。2008年10月开始，中国证监会正式启动了证券公司融资融券业务试点工作，中信证券、银河证券等多家证券公司分批进行了两次融资融券联网测试，融资融券各项准备工作稳步有序推进。股指期货的各项准备工作也在不断完善，中国金融期货交易所在2007年推出的交易规则、交易细则、结算细则等基础上，逐步推出了交易所结算会员的业务规则、会员管理等方面的制度，并做了大量的投资者教育工作。

## 五、金融衍生产品市场发展展望

### （一）积极研究推出新的金融衍生产品，加强市场避险功能

金融衍生产品不仅为金融市场参与者提供了规避市场风险的重要工具，而且也对金融产品的合理定价起到了重要作用。随着我国利率市场化的推进，以市场供求为基础、参考一篮子货币进行调节、有管理的浮动汇率形成机制逐步实行，金融市场产品的多元化和复杂化，市场参与者面临着包括利率风险在内的各种市场风险，迫切需要在现有产品基础上，组合利用各种金融衍生产品来规避市场风险。以外汇市场为例，尽管我国已经有人民币外汇远期交易和掉期交易等远期类产品，但在汇率波动性不断增强的情况下，适时推出外汇期权产品能够满足一些企

业希望通过缴纳少量期权费来锁定风险的需求，也可以满足银行风险管理的需要，并可由此派生出更多的结构性汇率衍生产品，进而推动汇率衍生产品市场的发展。

### （二）重视金融衍生产品的风险防范，加强衍生产品市场的监管

金融衍生产品交易必须置于一个公正、透明的监管体系之下才能确保其发展是降低市场风险而不是增加市场风险，只有严惩各种违法行为、增加市场透明度、保护投资者利益，金融衍生产品市场才能更好地发挥其为投资者规避风险的功能。要以此次金融危机为鉴，今后应充分认识到传统监管方式的缺陷，积极采取措施防范金融衍生产品的风险：一是探索充分利用已有的市场电子交易平台，促进衍生产品交易信息的集中与透明，更好地服务于市场监管；二是积极推进中央对手方（CCP）清算机制，通过逐日盯市和集中清算防范衍生产品的市场风险和信用风险。

## 专题五　境内外人民币衍生产品价格之间的关系[①]

改革开放三十年来，中国外汇市场从无到有，稳步发展，市场化程度不断提高，人民币汇率弹性不断增强，各经济主体通过人民币衍生产品规避汇率风险或进行套利的需求不断增加，从而推动了国内人民币衍生产品市场迅速发展。同时，随着中国经济的不断发展和改革开放的不断推进，中国在国际贸易与资本流动中的地位与日俱增。与此相应，国际金融市场相继推出一些人民币衍生产品，以满足客户的避险套利等需求。目前，主要有境外人民币无本金交割远期（NDF）和美国芝加哥商品交易所的人民币对美元期货市场（CME）等。随着中国经济、金融与国际经济、金融的关联性日益增强，以及中国的境内外汇市场不断发展成熟，有必要研究境外人民币衍生产品市场的发展及境内外人民币衍生产品价格之间存在的关系，以促进我国进一步发展境内人民币汇率衍生产品市场。

### 一、2008年境外人民币衍生产品交易情况

（一）境外人民币NDF交易价格先跌后升

从路透报价情况来看，境外NDF的1年期以内品种报价十分活跃，成交主要集中于这些品种，因此，本专题以交易较为活跃的3个月期与1年期NDF分别代表短期品种和长期品种来说明其价格走势。2008年，3个月期境外人民币NDF年初开盘为7.1790元人民币/美元，此后一路下行，3月探底后开始盘整，7月18日报收于6.7140元人民币/美元的年内最低，其后振荡上行，年末报收于6.9160元人民币/美元，比上年年末下跌3.54%。1年期境外人民币NDF年初开盘为6.7160元人民币/美元，后一路振荡走低，3月13日报收于

①人民币汇率中间价来自中国货币网，其他品种的人民币汇率数据均来自Reuters。

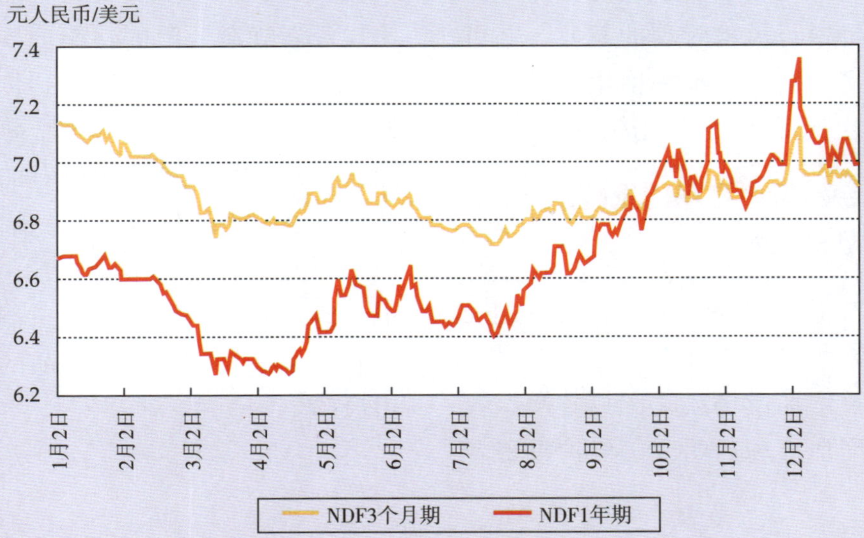


图8-8 2008年境外人民币NDF价格走势图

6.2710元人民币/美元的年内最低，其后振荡上行，年末收于6.9860元人民币/美元，较上年年末上涨4.04%。2008年9月末，境外人民币NDF1年期价格超过3个月期价格，长期品种价格上穿短期品种价格，并一直保持至年末，人民币贬值预期凸现。在交易量方面，由于NDF是场外交易，市场上无其交易量的权威统计，据有关市场人士估计，2008年NDF日均交易量增至40亿美元左右，交易仍比较活跃。

（二）CME人民币衍生产品交易依然不活跃，价格也先跌后升

2008年，CME主力合约价格走势与境

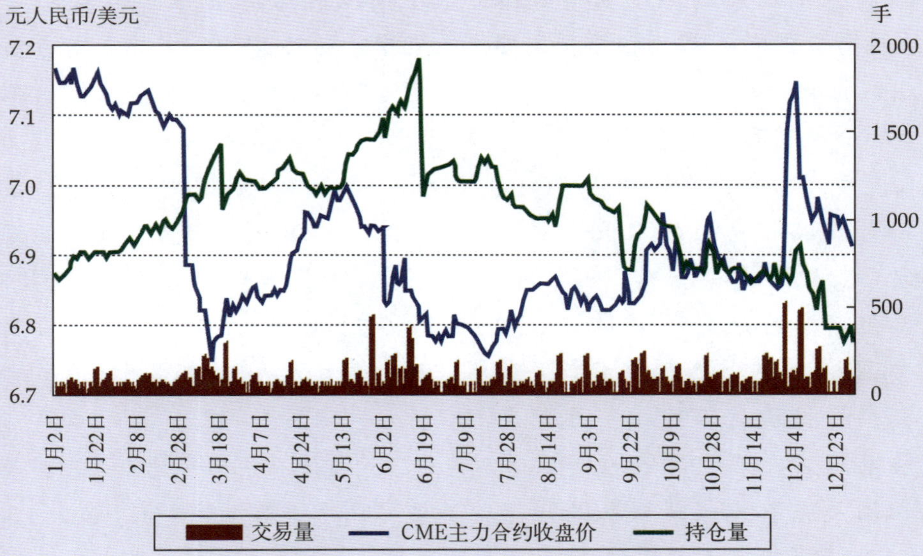


图8-9 CME主力合约价格走势及CME交易量情况图

外NDF3个月期品种相近，年初开盘为7.1685元人民币/美元，一路振荡下行，3月13日报收于6.7454元人民币/美元的年内最低后开始盘整，7月中再度探底后振荡上行，年末收于6.9094元人民币/美元，比上年年末下跌4.01%。2008年CME人民币衍生产品交易依然不活跃，日均成交量不足1 000万美元，尽管较上年增长1倍以上，仍远小于境外NDF和国内银行间外汇市场，但年末持仓水平仅308手，大幅萎缩。

## 二、境内外市场人民币衍生产品合约价格比较

（一）境内外人民币衍生产品合约价格走势基本一致，均由升转降

为便于比较，取境内银行间市场（FWD）3个月期、NDF3个月期、CME主力合约价格进行比较分析。分析结果表明，境内外市场同期限品种的远期价格走势基本一致。年初，境内外市场的人民币远期价格均一路下行，逐步远离即期价格，升值预期不断增强，3月中旬达到最大，其后向即期价格靠拢，升值预期趋于减弱，并于9～10月先后转向预期人民币对美元贬值。

（二）境内外市场价格呈强正相关

为进一步分析境内外人民币衍生产品合约价格之间的关系，本专题对境内外市场的人民币衍生产品价格之间进行了计量分析。由于CME产品为期货标准合约，到期日固定，剩余期限会随着时间而变化，与其他品种间缺少可比性，且交易不活跃，因此，选择对人民币对美元NDF与FWD的远期价格进行计量分析。

分析结果表明，2008年，3个月期的NDF与FWD的相关系数为0.82，呈强正相关，但相关度较2007年下降了16.47%；1年期的NDF与FWD价格的相关系数为0.948，基本与2007年持平。

境内外市场的短期品种价格间相关性有所降低，主要原因是境外金融市场

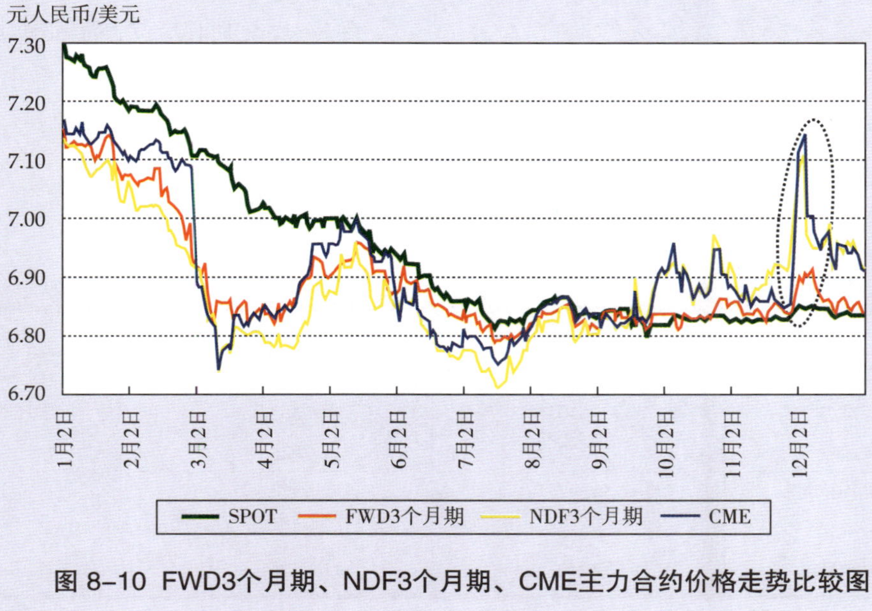


图 8-10 FWD3个月期、NDF3个月期、CME主力合约价格走势比较图

**表8-1 FWD与NDF远期价格相关系数**

| 期限品种 | 2008年 | 2007年 | 环比(%) |
|---|---|---|---|
| FWD3个月期与NDF3个月期 | 0.821 | 0.982 | -16.41 |
| FWD1年期与NDF1年期 | 0.948 | 0.957 | -0.97 |

对各类事件的反应更为敏感，因此，受2008年下半年加剧的国际金融危机影响大，从而价格波动性大，而境内市场受国际金融危机的影响相对较小，价格更为平稳，两者间的相关性因此而有所下降。长期品种价格因到期时间较长，因而受国际金融危机的影响相对较小，境内外市场价格间的相关性保持了稳定。

（三）境内外人民币远期价格拟合度水平相当

为考察FWD及NDF远期价格对人民币即期价格（中国外汇交易中心每日发布的人民币对美元中间价）预测的准确程度，主要计算FWD及NDF远期价格与人民币即期价格价差的绝对值，通过平均价差考察准确程度、价差的标准差考察价差的波动幅度、价差的离散度考察价差的收敛性。由于1年期远期价格需与1年后的人民币汇率中间价比较，这里只计算3个月期的拟合度情况。计算结果表明，2008年境内外市场的预测准确度极其接近，而不同时期比较（见表5-2）显示，2008年境内外市场人民币远期价格对即期价格的预测能力均有所提高，特别是境内远期价格的预测准确性提高接近30%。随着中国外汇市场的不断发展，境内外汇市场参与主体不断增多，境内人民币远期产品的价格发现功能将日益显现。

（四）汇率中间价对境外NDF价格的影响进一步增强

在境内外市场的人民币各种价格中，由中国人民银行授权中国外汇交易中心公布的人民币汇率中间价为核心价格，影响其他各期限品种的人民币衍生产品价格。2008年，人民币汇率中间价对境外NDF市场价格的引导作用进一步显现。7

**表8-2 3个月期价格拟合度不同时期比较**

| 项目 | 时间 | 2008年 | 2007年 | 环比(%) |
|---|---|---|---|---|
| FWD | 平均价差 | 660 | 482 | -26.95 |
| | 标准差 | 510 | 363 | -28.85 |
| | 离散度 | 0.7727 | 0.7526 | -2.60 |
| NDF | 平均价差 | 547 | 473 | -13.46 |
| | 标准差 | 445 | 355 | -20.33 |
| | 离散度 | 0.8140 | 0.7494 | -7.94 |

月中旬，随着人民币汇率中间价停止快速升值并逐步走稳，境外NDF市场美元贴水点数开始加速收窄，至9月16日已从贴水转为升水。10月末至11月初，人民币中间价再次升值120多个基点，境外1年期美元兑人民币NDF报价从升水近3 000个基点快速回落至800个基点左右。12月初，人民币中间价短暂贬值150多个基点，1年期美元兑人民币NDF报价升水点数激增2 000多个基点，随着中间价的快速回稳，境外远期市场报价也回落到此前水平。

2008年，人民币对美元虽停下单边升值步伐，但有效汇率却不断上升，连创新高，中国对贸易条件总体上有所恶化；而2008年下半年，发端于美国的次贷危机急速恶化演变为国际金融危机，世界主要国家经济陷入衰退，国际金融市场动荡加剧，世界主要经济体货币汇率波动剧烈，进一步增大了中国企业面临的汇率风险，企业需要更多的外汇衍生产品工具来管理汇率风险。2008年，境内金融市场未推出新的人民币衍生产品，境外人民币NDF交易仍然比较活跃，其价格对国内市场远期价格有一定影响，随着境内外经济金融联系的日益紧密，市场参与者必然会增大对人民币各类产品的需求，预计境外人民币衍生产品市场会保持发展态势。为进一步促进国内外汇市场的发展和完善，更好地满足日益增长的市场需求，有必要继续关注境外人民币衍生产品市场的发展变化和境内外市场间的相互影响，积极稳妥地丰富境内人民币对外币衍生产品，进一步提高境内外汇市场的市场化程度和价格发现功能。

# 第九章　基金市场

2008年，股票市场的暴跌造成了基金净值大幅缩水，证券投资基金行业管理的资产净值出现负增长，但管理的基金份额仍保持了稳步增长的态势。同时，随着债券市场的发展，债券型基金和货币市场基金等固定收益型产品得到较大发展，基金市场的产品结构发生了较为显著的变化。基金已成为社会公众参与投资的一种重要方式，在促进储蓄向投资转化，推动资本市场发展等方面发挥了重要的作用。

## 一、2008年基金市场运行情况

截至2008年年末，共有439只基金，比2007年年末净增加93只；基金份额达到25 739.72亿份，比2007年年末增加15.22%；基金资产净值为19 388.68亿元，比2007年年末减少40.82%。其中，开放式基金408只，比2007年年末增加100只，基金份额达24 971.60亿份，比2007年年末增加3 493.9亿份，基金资产净值达18 703.15亿元，比2007年年末减少11 555.71亿元；封闭式基金31只，比2007年年末减少7只，基金份额达768.12亿份，比2007年年末减少94.02亿份，基金资产净值达685.53亿元，比2007年年末减少1 817.94亿元。

2008年，伴随着股票市场的下跌，上证基金指数、深证基金指数从年初开盘的5 088.47和5 011.70，到年末收盘的2 512.49和2 626.25，分别下跌了50.62%和47.60%。按基金类型分，中证股票型基金指数下跌了51.81%；中证开放式基金指数下跌了42.85%；中证混合型基金指数下跌了45.87%；与债券市场的表现一致，中证债券型基金指数上涨了6.44%。

2008年年末，所有基金持有A股的市值占总市值的6.24%，比2007年年末上升0.04%；

表9-1　2008年各类型基金份额与净值一览表

| 基金类型 | 基金数量（只） | 基金份额（亿份） | 基金净值(亿元) | 净值占比（%） |
|---|---|---|---|---|
| 全部 | 439 | 25 739.72 | 19 388.68 | 100.00 |
| 封闭式基金 | 31 | 768.12 | 685.53 | 3.54 |
| 开放式基金 | 408 | 24 971.60 | 18 703.15 | 96.46 |
| 其中：股票型基金 | 171 | 11 516.30 | 7 724.37 | 39.84 |
| 债券型基金 | 59 | 1 722.43 | 1 855.51 | 9.57 |
| 货币市场基金 | 40 | 3 891.74 | 3 891.74 | 20.07 |
| 混合型基金 | 128 | 6 747.98 | 4 715.45 | 24.32 |
| QDII基金 | 10 | 1 093.15 | 516.08 | 2.66 |

注：表中的股票型基金和混合型基金的统计数据不包含QDII基金。

数据来源：交银施罗德基金管理有限公司整理。

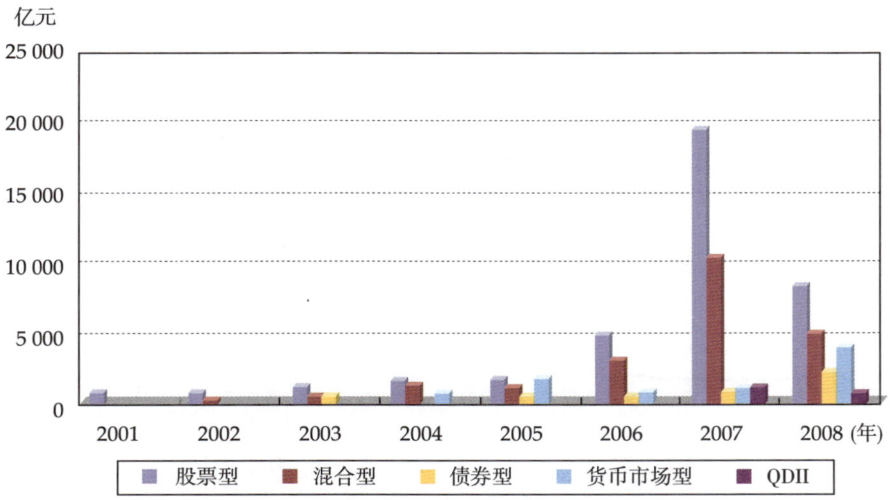


数据来源：Wind资讯、交银施罗德基金管理有限公司整理。

**图9-1 2001～2008年各类型基金规模变化**

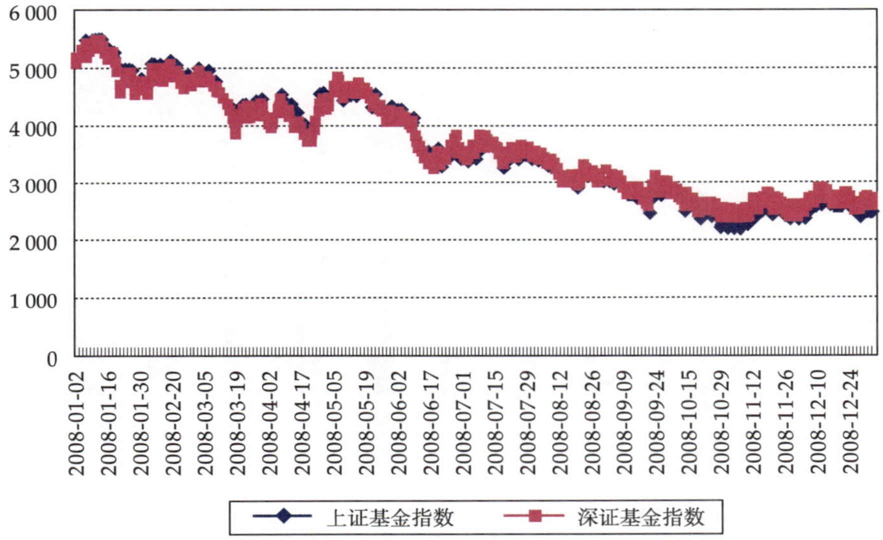


数据来源：Wind资讯。

**图9-2 2008年基金指数变化情况**

占流通市值之比为20.78%，比2007年年末下降6.7%。

截至2008年年末，共批准设立61家基金管理公司，比2007年新增2家。以资产管理规模衡量，基金行业集中度与2007年比较变化不大，前五大基金管理公司和前十大基金管理公司所占市场份额略有提高。

2008年，共有56家基金管理公司募集新基金，募集并成立的新基金（不含封转开基金）达94只，募集基金规模达1 738.19亿元，单只基金的平均募集规模为18.49亿元，比2007年平均募集规模少66.51亿元。其中，股票型基金为34只，募集基金规模为471.17亿元；混合型基金为19只，募集基金规模为158.69亿元；债券型基金为36只，募集基金规模为1 057.8亿元；QDII基金为5只，募集基金规模为50.53亿元。

2008年，共有4家基金管理公司管理的

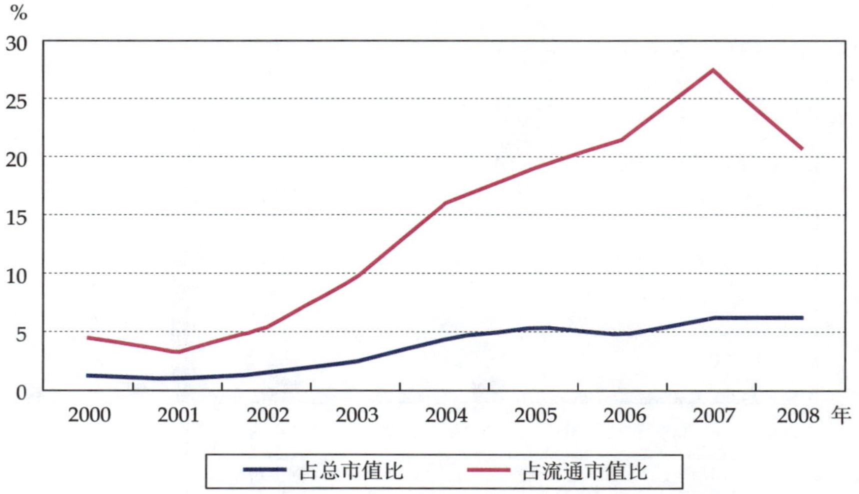


数据来源：Wind资讯、交银施罗德基金管理有限公司整理。

**图9-3 2000～2008年基金持有A股市值占总市值、流通市值情况**

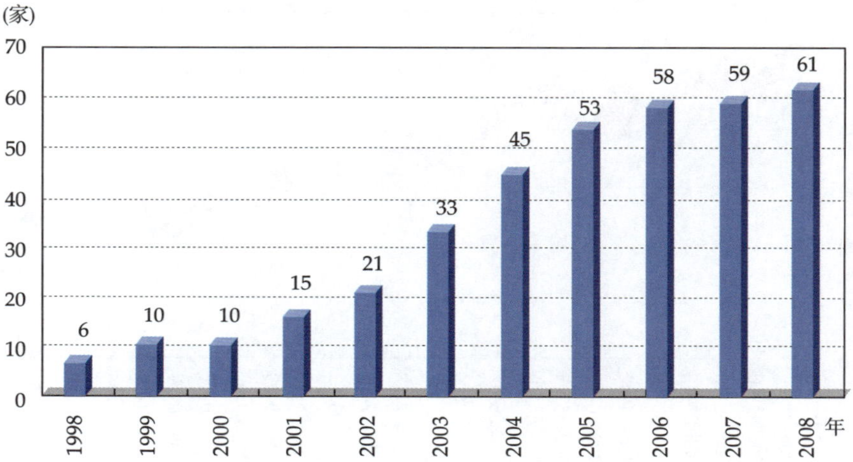


数据来源：Wind资讯、交银施罗德基金管理有限公司整理。

**图9-4 1998～2008年基金管理公司数量变化**

**表9-2 基金业资产管理规模集中度**

单位:%

| 年份 | 2005 | 2006 | 2007 | 2008 |
| --- | --- | --- | --- | --- |
| 中国前五位基金管理公司 | 47 | 40 | 32 | 34 |
| 中国前十位基金管理公司 | 66 | 58 | 50 | 51 |
| 美国前五位基金管理公司 | 37 | 38 | — | — |
| 美国前十位基金管理公司 | 44 | 49 | — | — |

数据来源：中国证监会、Wind资讯、交银施罗德基金管理有限公司整理。

表9-3 1998~2008年基金规模与净值增长情况表

| 年份 | 1998 | 1999 | 2000 | 2001 | 2002 | 2003 | 2004 | 2005 | 2006 | 2007 | 2008 |
|---|---|---|---|---|---|---|---|---|---|---|---|
| 规模(亿份) | 100.00 | 505.00 | 560.00 | 811.26 | 1 330.38 | 1 632.76 | 3 308.79 | 4 714.92 | 6 220.69 | 22 339.84 | 25 739.72 |
| 年度增长率(%) | 未计算 | 405.00 | 10.89 | 44.87 | 63.99 | 22.73 | 102.65 | 42.50 | 31.94 | 259.12 | 15.22 |
| 净值(亿元) | 107.64 | 574.26 | 845.91 | 820.93 | 1 205.45 | 1 717.30 | 3 247.34 | 4 691.38 | 8 565.01 | 32 762.33 | 19 388.67 |
| 年度增长率(%) | 未计算 | 433.50 | 47.30 | -2.95 | 46.84 | 42.46 | 89.10 | 44.47 | 82.57 | 282.51 | -40.82 |
| 数量(只) | 5 | 22 | 33 | 51 | 71 | 110 | 161 | 218 | 307 | 346 | 439 |

数据来源：财汇、Wind资讯、交银施罗德基金管理有限公司整理。

5只封闭式基金转型为开放式基金，12家基金管理公司管理的12只基金进行拆分。另有1只中短债基金转型为普通债券型基金，目前市场仅存1只中短债基金。2008年，新增1只保本基金，有1只保本基金到期并已进入第二个保本周期，另有1只还在发行之中。2008年，开放式基金申购总份额约为2.10万亿份，赎回总份额约为1.93万亿份，净申购份额为0.17亿份。

## 二、基金市场运行特点

### （一）基金产品结构更趋于均衡

2008年，受股票市场持续下跌的影响，股票型基金和混合型基金净值大幅缩水，市场份额由2007年年末的95%下降到2008年年末的70%；债券型基金和货币市场基金规模增长迅速，市场份额由2007年年末的5%上升到2008年年末的30%。基金市场的结构更趋于合理化，适应了国内不同风险偏好投资者的需求。

### （二）股票型基金和混合型基金净值大幅缩水

2008年，股票型基金和混合型基金净值随股票市场暴跌而大幅降低，投资者信心受到很大打击，基金销售特别是偏股型基金销售遇冷。尽管年内新发基金数量达到历年最高，基金首发规模却大幅下降，单只基金平均募集规模为18.49亿元，最小的一只股票型基金募集规模仅为2.39亿元，创下基金首发规模历史的最低纪录。

### （三）债券型基金和货币市场基金得到较大发展

2008年，债券型基金得到空前发展，新成立的债券型基金数量达到36只，超过以往历年的总和。债券型基金的份额总数由年初的539.04亿份增加到年末的1 722.43亿份，净资产总规模增长了195.98%，市场份额由年初的1.91%提高到年末的9.57%。货币市场基金异军突起，在没有新发基金的情况下，基金份额由2007年年末的1 110.43亿份扩张到2008年年末的3 891.74亿份，增幅达到250.47%，市场份额由年初的3.39%提高到年末的20.07%。随着债券型基金和货币市场基金的快速扩容，基金成为银行间债券市场上仅次于全国性商业银行、保险机构的第三大类投资主体。

### （四）创新型封闭式债券基金正式推出

继2007年创新型封闭式股票基金面市后，基金行业又推出了创新型封闭式债券基金。10月，富国天丰强化收益债券基金正式对外发行，该基金在合同生效后3年内封闭式运作，并在深圳证券交易所上市交易，3年后转为上市开放式基金。该基金不仅为国内债券基金市场的首例创新品种，也是第一只带有封闭期的债券型基金。该基金在产品设计上除了采用较短的封闭期外，还引入“救生艇”条款，以及基金合同生效满6个月后，在满足分红条件下逐月分红的策略，力图降低封闭式基金的折价率。

## （五）基金管理公司业务范围得到拓展

2008年1月1日，《基金管理公司特定客户的资产管理业务试点办法》开始施行。3月，中国证监会正式发布《特定资产管理合同内容与格式指引》，基金管理公司特定客户资产管理业务正式开启。截至2008年年末，共有超过30家基金管理公司获得特定客户资产管理业务资格。但在股票市场大幅度调整和较高投资门槛的背景下，基金管理公司特定客户资产管理业务在2008年发展受到影响，资产管理规模不大。

## （六）QDII基金出师不利

受国际金融风暴的影响，QDII基金出师不利，10只QDII基金全线亏损。除华安国际配置保本型基金外，2007年第四季度首先起航的南方全球精选、华夏全球精选、嘉实海外中国股票和上投摩根亚太优势4只QDII基金成立不久即遭遇境外市场振荡，2007年平均亏损近10%，2008年随着次贷危机的不断深化，这4只基金平均亏损达到47.95%。2008年，华宝兴业海外中国成长等新成立的5只QDII基金亏损幅度明显降低，特别是6月之后成立的两只境外QDII基金亏损不到3%，这一方面与境外股票市场走势有关，另一方面是因为基金的建仓比较谨慎。

## （七）基金业对外开放稳步推进

2008年，基金业对外开放成效显著。一是国内合资基金管理公司达到31家，比例超过50%。年内新成立2家基金管理公司均为合资公司，另有3家内资基金管理公司通过股权转让方式变更为合资基金管理公司，还

**表9-4 QDII基金收益率情况**

单位:%

| 基金简称 | 基金成立日 | 2007年 | 2008年 | 成立以来至2008年年末 |
|---|---|---|---|---|
| 华安国际配置 | 2006-11-02 | -1.57 | -5.07 | -6.38 |
| 南方全球精选 | 2007-09-19 | -6.30 | -43.63 | -46.90 |
| 华夏全球精选 | 2007-10-09 | -10.70 | -41.16 | -47.40 |
| 嘉实海外中国股票 | 2007-10-12 | -12.10 | -50.00 | -56.00 |
| 上投摩根亚太优势 | 2007-10-22 | -10.50 | -57.01 | -61.70 |
| 工银瑞信全球配置 | 2008-02-14 | — | -44.40 | -44.40 |
| 华宝兴业海外中国成长 | 2008-05-07 | — | -26.40 | -26.40 |
| 银华全球核心优选 | 2008-05-26 | — | -26.50 | -26.50 |
| 海富通中国海外精选 | 2008-06-27 | — | -1.20 | -1.20 |
| 交银施罗德环球精选 | 2008-08-22 | — | -2.70 | -2.70 |

数据来源：Wind资讯、交银施罗德基金管理有限公司整理。

有2家合资基金管理公司外方股东增持了公司股份。二是QFII获批数量大幅提高，外汇额度随之增加。截至2008年年末，获得QFII资格的境外机构数量已经达到76家。年内获批机构达24家，成为我国引入QFII制度以来，批准数量最多的一年。三是QDII基金业务也稳步推进。至2008年年末，已有24家基金管理公司获得QDII资格。四是基金管理公司开始在香港新设分支机构。7月7日，南方基金管理公司香港子公司南方东英资产管理有限公司正式成立。目前，易方达、嘉实、华夏3家基金管理公司正在香港筹建子公司。基金管理公司在香港分支机构的设立，将标志着中国基金业向境外发展迈出新的一步。

## 三、2008年基金市场制度建设

### （一）加强对基金投资者的权益保护，促进行业规范发展

2008年1月21日，中国证监会下发《关于证券投资基金宣传推介材料监管事项的补充规定》，进一步规范了基金管理公司的宣传推介材料，特别是对投资者教育和风险提示提出了重点要求，以保护投资者利益。中国证监会于9月至12月对基金销售机构开展了现场检查，督促基金销售机构规范基金销售行为。

随着基金管理公司资产管理业务的范围扩展，管理的投资组合数量不断增加，为防止基金管理公司或内部从业人员为追求自身利益最大化而区别对待不同投资组合的行为出现，3月20日，中国证监会发布《证券投资基金管理公司公平交易制度指导意见》，该意见对于公平交易的范畴、公司投资决策的内部控制、交易分配的内部控制、投资交易行为的监控和分析评估、公司内部报告和外部信息披露等方面进行了指导性规定，以进一步完善证券投资基金管理公司的公平交易制度，保护投资者合法权益。

### （二）完善基金管理公司信息披露机制

8月，中国证监会发布《证券投资基金信息披露XBRL标引规范（Taxonomy）》简介和《证券投资基金信息披露XBRL模板第1号〈季度报告〉》。按通知要求，基金管理公司从2009年1月1日起在对外公开披露季度报告中使用XBRL（Extensible Business Reporting Language，即可扩展商业报告语言）进行基金信息披露。信息披露XBRL的应用将有利于促进基金信息披露的规范化、透明化和电子化，提高全行业管理水平，也有利于监管机构推进基金信息披露监管流程再造工作，加强信息披露监管的及时性和有效性。

2008年9月，针对股票市场的变化情况及基金管理公司执行新会计准则中存在的有关公允价值认定和计量方面的问题，中国证监会发布了《关于进一步规范证券投资基金估值业务的指导意见》，对基金估值业务，特别是长期停牌股票等投资品种的估值问题作了进一步规范。

### （三）加大打击内幕交易力度

4月8日，中国证监会对2007年发生的首例基金“老鼠仓”事件正式公布处罚结果，对涉及与基金份额持有人利益相冲突的两名基金经理的活动予以严厉打击，除没收其违法所得并各处罚款之外，还对这二人实行市场禁入。

### （四）允许基金公司在香港设立分支机构

适应基金管理公司国际化业务发展的需

要，4月8日，中国证监会发布《关于证券投资基金管理公司在香港设立机构的规定》，明确基金管理公司可以根据自身业务发展需要，到香港地区设立机构，从事资产管理类相关业务。在港机构可以采取分公司、办事处、子公司及中国证监会允许的其他形式。该规定还明确，基金管理公司参股香港地区资产管理类机构、到其他与中国证监会签署监管合作备忘录的国家和地区设立机构或参股资产管理类机构，也参照该规定执行。

### （五）积极鼓励基金产品创新

为鼓励基金产品创新，中国证监会于2008年12月下发了《证券投资基金产品创新的鼓励措施》（基金内部审核指引第五号）。根据该指引，中国证监会将在日后的审核工作中对有重大创新的基金产品实行绿色通道审核制度，基金管理公司可以在创新产品的审核期间，再上报1只普通基金产品，从而在制度上鼓励基金管理公司加强产品创新。

## 四、2009年基金市场展望

基金业的发展为广大居民和各类社会组织改善金融资产配置提供了渠道，成为社会公众参与投资的一种重要方式，促进了储蓄向投资的转化；作为最重要的机构投资者，基金积极参与上市公司治理，有力地推动了资本市场的制度变革。展望2009年，基金业的发展主要有以下几个方面：

### （一）维护基金市场稳定仍需多方共同努力

2008年，股票市场下跌造成的基金净值的大幅缩水使得投资者对基金投资的信心造成一定负面影响。未来一段时间如何恢复投资者信心、继续推广长期投资的理念将是整个行业必须面对的问题。虽然2008年国内的基金业没有像海外基金一样遭受大规模赎回，行业规模保持了相对稳定，但是如何在市场回暖之时避免投资者大规模赎回、确保基金规模不出现大幅波动，维护基金市场稳定，或许是2009年基金业面临的最大挑战。为了迎接这一挑战，整个行业需要在加强投资者教育、保持与投资者良好的沟通和提高对投资者的服务质量方面将继续加大投入。

### （二）产品创新的空间日益扩大

2008年我国资本市场的大幅调整激发了对建立多层次的资本市场体系、丰富投资品种，尤其是增加可以规避和对冲市场风险的金融工具的强烈需求。随着各类创新金融工具的推出和发展，为基金业提供了更广阔的创新空间，促使基金业加快产品创新步伐，为投资者提供更为丰富的产品，满足投资者多样化的需求。

### （三）特定客户资产管理业务有望获得更大发展

2008年，特定客户资产管理业务推出后，特定客户资产管理的“一对一”业务（即为单一客户办理特定资产管理业务）取得了一定进展，2009年，随着特定客户资产管理的“一对多”业务（即为特定的多个客户办理特定资产管理业务）细则的推出和市场环境的好转，特定客户资产管理业务有望获得更大的发展空间。这些非公募基金业务的发展，使得基金管理公司的业务结构更加均衡，有利于行业长期稳定发展。

### （四）行业风险管理意识和能力需进一步提升

国际金融危机的爆发和国内A股市场的持续下挫，为基金业加强风险管理意识和提高风险管理能力上了深刻的一课。在QDII业务已经正式启动，全球金融市场关联越发紧密的背景下，基金管理公司需要从投资研究、市场、运营等整个流程中对可能存在和发生的风险进行全面梳理和识别，在对外开放与合作中加快提高行业风险管理意识和能力。

# 第十章　理财产品市场

伴随着我国经济的持续稳定发展和金融市场改革的深化，特别是近两三年来资本市场的繁荣，金融理财市场自2006年下半年起迅速发展起来，基金管理公司、商业银行、保险公司、证券公司和信托公司等金融机构纷纷推出了面向普通投资大众的个性化理财产品。

## 一、理财产品市场的主要构成及运行概况

金融理财产品的实质就是金融机构代客理财，根据客户不同需要为其提供个性化设计的投资产品。按受托金融机构的类型划分，理财产品主要包括基金、银行理财产品、信托理财产品、保险理财产品和券商集合理财产品几大类。本章的金融理财产品特指除基金之外的其他几类理财产品。

根据不完全统计资料[①]显示，2008年，国内主要商业银行、信托公司和证券公司分别发行理财产品约合人民币23 055亿元、5 637亿元和226亿元。同期公开资料[②]显示，保险理财产品和公募基金的新募集资金分别约为6 243亿元和1 827亿元。毫无疑问的是，银行理财产品已稳居理财市场的第一位，其募集规模超过其他类别理财产品的总和，成为推动国内理财产品市场发展的主要力量。

从发展趋势看，尽管2008年全球经济趋于下滑，国际金融和大宗商品市场动荡不安，国内经济增长速度回落，但银行理财产品以其相对稳健、多样化的优势受到投资者的欢迎，销售再创历史新高：发行期数为2007年的2.5倍，募集金额增长了近2倍。信托理财产品也保持了较高的增长势头：发行期数较2007年增长了53%，募集资金规模增长了44%。保险理财产品的新募集资金同比增长约为40%，而券商集合理财的新募集资金规模则基本与2007年持平。

从存续期限看，银行理财产品的平均期限最短，1年期（含）以内的产品占到总量的70%以上。信托理财产品的平均期限也在1年左右，但略长于银行理财产品。券商集合理财产品的平均期限则在5年以上。保险理财产品因其保障的特性，除了分红险期限多在3～10年，投连险和万能险的期限都可达20年以上。

从收益情况看，银行理财产品和信托理财产品由于发行时多采用浮动收益率的形式，在到期前不能确定其实际收益率。但从发行时的平均预期收益率看，前者一般在3%～5%，后者一般在5%～10%。然而，预期不等于实际，部分与境外股票连接的结构性银行理财产品在2008年出现到期零收益或负收益的情况，引发投资者投诉。由于股市暴跌，券商集合理财产品尽管下跌幅度明显小于大盘和公募基金，但其累计净值也下跌了

①数据来源：中国人民银行上海总部。
②数据来源：中国证监会、中国保监会、Wind 资讯。

近20%。同样受股市影响，保险理财产品的收益分化较大：分红险和万能险由于有一定的保本机制，其收益率尚能维持在3%～4%左右；投连险则出现部分负收益情况，导致退保事件时有发生。

## 二、银行理财产品：呈现高速增长态势，推动储蓄向投资转换

### （一）市场运行情况

**1．发行数量及募集金额再创历史新高，人民币产品远远超越外币产品**

2008年，纳入中国人民银行监测体系[①]的主要商业银行累计发售7 799期理财产品，新募集资金约合23 055亿元人民币；发行期数为上年的2.3倍，新募集金额更达到上年总额的3倍。

从发行总量构成看，人民币产品共发行5 774期，金额为21 262亿元，占比分别为74%和92%；外币产品发行2 025期，金额[②]为1 793亿元，占比分别为26%和8%。人民币产品在发行期数和募集金额上均远远超过外币产品。

从发展趋势看，人民币产品的发行数量和募集金额均实现“井喷”式增长：第一季度新募集资金最多，高达7 184亿元；第三季度次之，募集资金达6 153亿元；第二季度和第四季度的资金募集量虽有明显下降，也高达3 715亿元和4 209亿元。外币产品发行数量和募集金额的总体呈现下降趋势：前两个季度的募集金额在500亿元以上，第三季度为461亿元，第四季度则滑落到211亿元。

总体来看，与人民币理财产品相比，外币理财产品受到了投资者的冷落。究其原因，一是2007年下半年至2008年上半年人民币的不断升值使人民币理财产品更具吸引力；二是2007年QDII产品大多表现不佳；三是金融危机的蔓延使投资者对从事境外市场投资的外币理财产品充满疑虑。

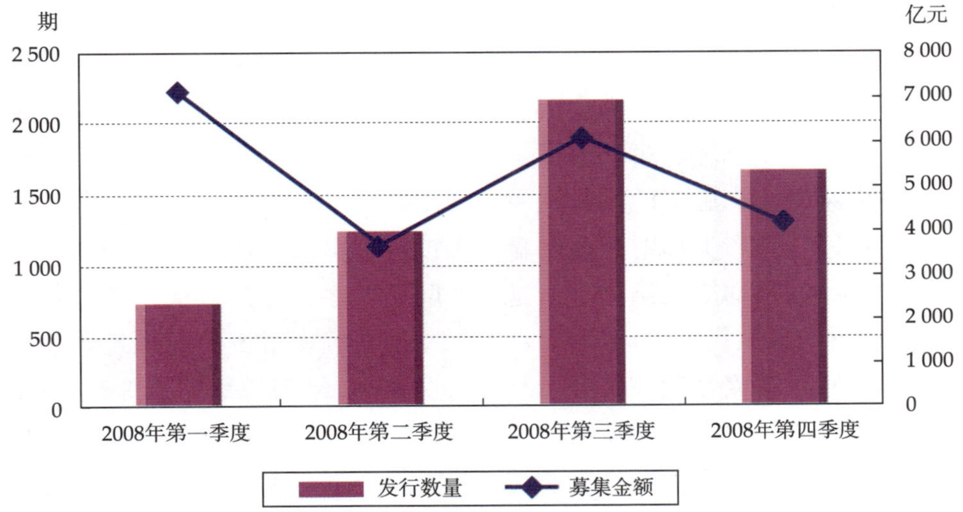


图10-1 人民币理财产品发行数量及新募集金额变化情况

①数据来源：中国人民银行上海总部。

②本报告中的外币理财产品均按年末汇率折算为人民币。

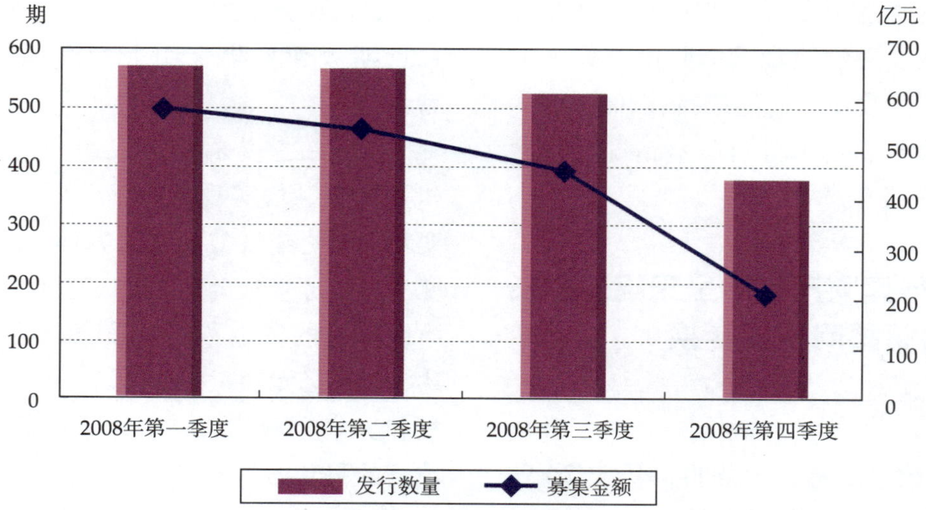


图10-2 外币理财产品发行数量及新募集金额变化情况

**2．期限结构集中于1年以内，人民币理财产品流动性略强于外币理财产品，普通类理财产品流动性略强于结构类理财产品**

2008年新发行的银行理财产品仍主要集中于1年以内，外币理财产品的平均委托期限长于人民币理财产品。人民币理财产品中，1～6个月的理财产品取代了6～12月的理财产品，成为市场的新主流品种；同时，12～24个月的理财产品增长也较快。前者增长原因主要是第一季度“打新股”类理财产品的大量发行，以及第二季度、第三季度票据类理财产品的快速增长；后者的增长则主要归因于债券类和信贷资产类理财产品明显增加。外币理财产品的平均期限结构有所延长，6～12个月理财产品取代了1～6个月理财产品，成为市场的新主流品种。

新发行银行理财产品按普通类和结构类进行比较，前者的流动性强于后者。普通类理财产品的平均委托期限主要集中在6个月以内，1～6个月理财产品的募集金额占全部普通类理财产品的58%。结构类理财产品的平均委托期限也是主要集中在1年以内，但1～6个月和6～12个月理财产品分布相对均匀，1～6个月理财产品占结构类理财产品募集金额的25%，6～12个月理财产品占到36%。结构类理财产品中期限在1年以上的理财产品约占其总量的39%，这一比例明显高于普通类理财产品。

**3．预期收益率明显下滑，人民币理财产品和外币理财产品利差缩小**

人民币理财产品的预期收益率总体呈现下降趋势：2008年第一季度为4.15%，第二季度略有上升，为4.62%，之后迅速滑落。其原因在于：随着新股发行上市日逐渐减少，高回报的“打新股”理财产品逐渐退出市场，而投资货币市场或信贷市场的稳健型理财产品取而代之，导致整体预期收益率明显回落。

外币理财产品的预期收益率下降明显：在2008年第一季度达到历史峰值6.81%后，一路下滑至第四季度的3.67%。其原因在于国际金融与大宗商品市场的持续下跌，以及人民币改变持续升值趋势，外币理财产品不再需要付出额外的人民币升值“补偿”。

本外币理财产品的预期收益率利差进一步缩小。如果再考虑汇率风险，下半年外币理财产品的投资价值明显小于人民币理财产品。

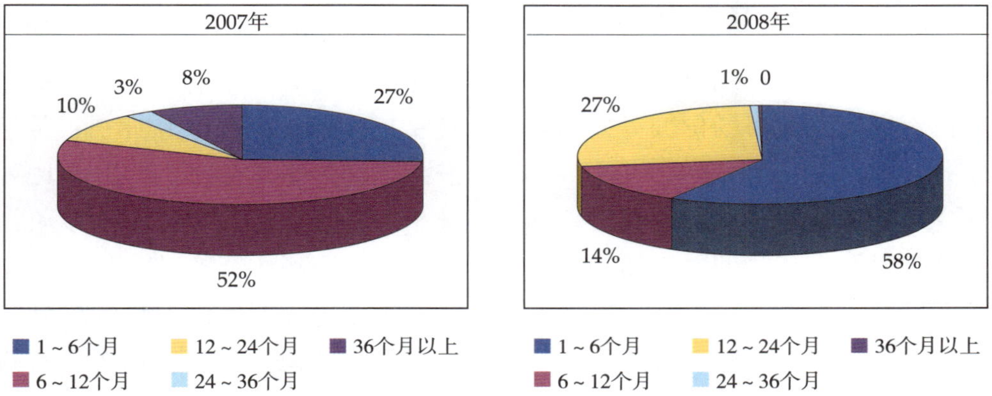


图10-3 人民币理财产品期限结构

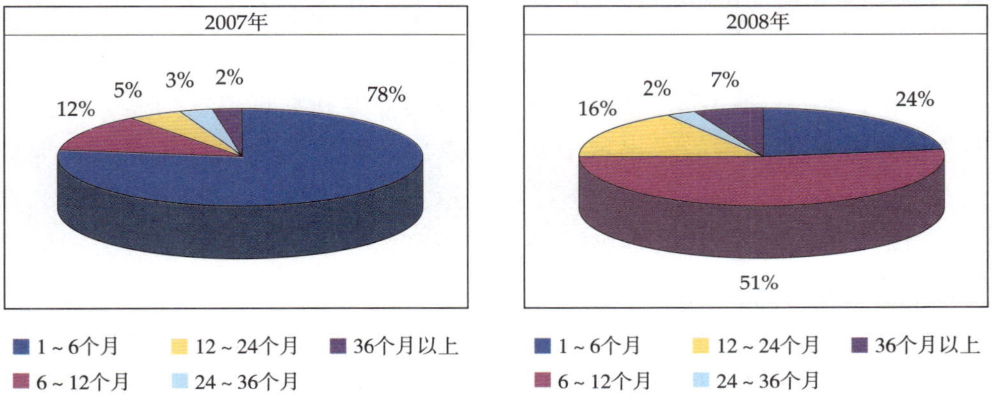


图10-4 外币理财产品期限结构

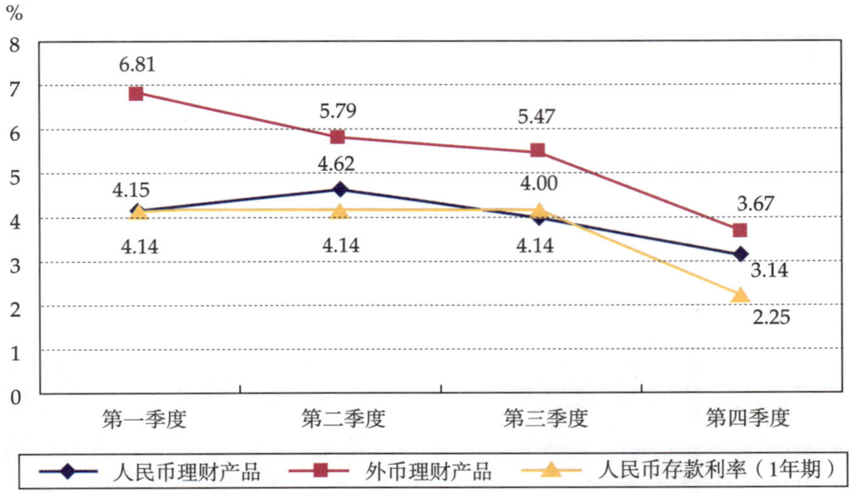


图10-5 2008年银行理财产品预期收益率变化趋势

## （二）人民币理财产品运行的主要特点

2008 年，人民币理财产品在产品类型、风险收益、投资方向以及市场份额等方面表现出新的特征：

**1. 普通类理财产品已占据绝对优势，结构类理财产品则以汇率挂钩理财产品和商品挂钩理财产品为主**

普通类理财产品在数量和募集金额上已占据绝对优势，共募集资金 20 540 亿元，占募集资金总量的 97%，同比增长近 3 倍，与结构类理财产品的萎缩形成鲜明对比。结构类理财产品募集资金 721 亿元，同比下降 68%，原因是经历了几次“零（负）收益”风波后，结构类理财产品的营销已经出现了较大困难。

结构类理财产品中，汇率挂钩理财产品和商品挂钩理财产品取代了股票挂钩理财产品和信用挂钩理财产品，成为 2008 年结构类理财产品的主流，募集资金分别占全部结构类理财产品的 26% 和 25%。信用挂钩理财产品下滑至第三位，占比为 19%；股票挂钩理财产品则跌至第五位。

**2. 非保本浮动收益理财产品仍为主流，保证收益理财产品有所增加**

新发行理财产品中，非保本浮动收益理财产品共募集 14 854 亿元，占所有理财产品的比重高达 70%；保本浮动收益理财产品募集 3 923 亿元，占比为 18%；保证收益理财产品募集 2 484 亿元，占比为 12%，同比上升 8 个百分点。尽管非保本浮动收益理财产品仍然是市场主流产品，但保证收益理财产品的增长已表明经济形势的变化提高了投资者的风险意识，许多投资者开始偏爱保本型理财产品。

**3. 投资方向以“打新股”、购买债券和贴现票据为主，信托贷款、转贷款居其次**

从募集资金投向看，主要以“打新股”、购买债券和贴现票据为主，信托贷款和转贷款居其次。尽管“打新股”类理财产品从总量上看仍延续了 2007 年的势头，是资金投向最多的领域，但随着股市的持续低迷，此类理财产品的热销在第二季度就基本中止了。债券类理财产品在 2008 年成为市场新热点，上半年投向银行间债券市场的资金量达到 2 368 亿元，下半年保持在 2 353 亿元。

在货币政策由紧缩转为适当宽松之前，以“银信合作”为运作平台的信托贷款类理财产品、票据类理财产品和转贷款类理财产品一直保持热销势头：银行借道信托公司规避信贷管控并提升中间业务收入，而投资者

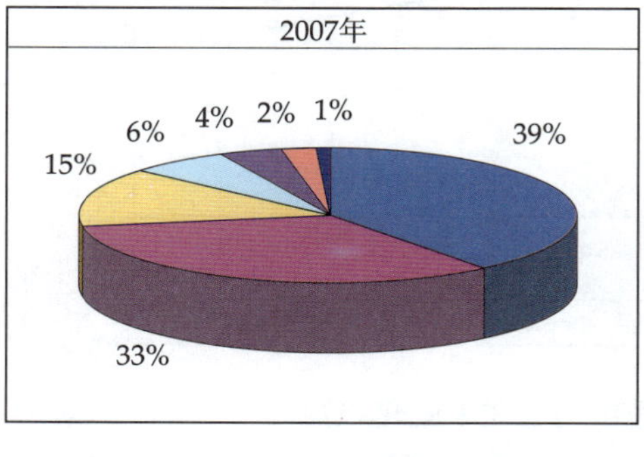


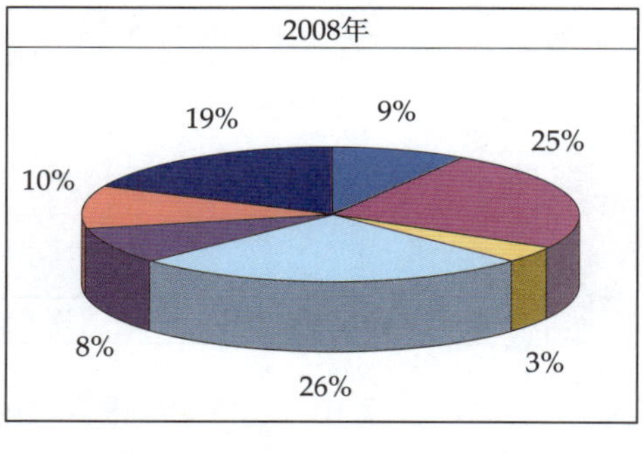


图10–6 结构类理财产品挂钩情况（按募集金额）

得以在金融市场动荡不安的环境中实现较为稳健的投资收益。

**4．国有商业银行跃居理财产品市场首位，市场占有发生逆转**

人民币理财产品市场已形成股份制商业银行和四大国有商业银行“两强相争”的格局，事实上，两类银行在理财产品的销售上一直处于此消彼长的状态。2008年四大国有商业银行实际募集资金高达13 350亿元，市场份额为63%；股份制商业银行居第二位，实际募集资金达6 883亿元，占比为33%。与2007年相比，四大国有商业银行和股份制商业银行的市场占有率正好发生反转。

## （三）外币理财产品运行的主要特点

**1．普通类理财产品发行下滑，结构类理财产品中利率挂钩理财产品保持优势**

从募集资金总量看，结构类理财产品高于普通类理财产品，募集资金达 1 055亿元，占比为59%，而普通类理财产品仅募集738亿元，占比为41%。但是从发展趋势看，结构类理财产品表现不容乐观，募集金额在第四季度出现大幅下滑，自2006年首次落后于普通类理财产品，仅为普通类理财产品募集金额的67%。

结构类理财产品中，利率挂钩（Libor）理财产品依然居于首位，募集资金达690亿元，占比由2007年的50%上升至65%；2007年居市场第二位的股票挂钩理财产品则显著减少，募集资金达126亿元，占比由24%下降至12%。

此外，过去常见的单一结构类理财产品（如按日计息型）大幅减少，而多种结构混合的，如可转换结构类理财产品明显增多，商业银行结构设计产品思路趋于新颖。

**2．保本浮动理财产品持续走高，投资者偏好稳健型理财产品**

外币理财产品中，保本浮动收益产品募集资金达1 253亿元，占比为70%，同比上升21个百分点；保证收益产品居其次，募集资金达276亿元，占比为15%，同比下降13个百分点；非保本浮动收益理财产品仅募集264亿元，占比为15%，同比下降8个百分点。总体来看，保本浮动理财产品所占比重稳步上升，已成为外币理财产品市场的主流品种，而非保本浮动理财产品日益萎缩，表明投资者保持一贯谨慎心态，仍偏好稳健型理财产品。

**3．本行存款和同业拆借成为主要投资渠道，购买结构性票据和债券居其次**

2007年利率互换和同业拆借为主要资金

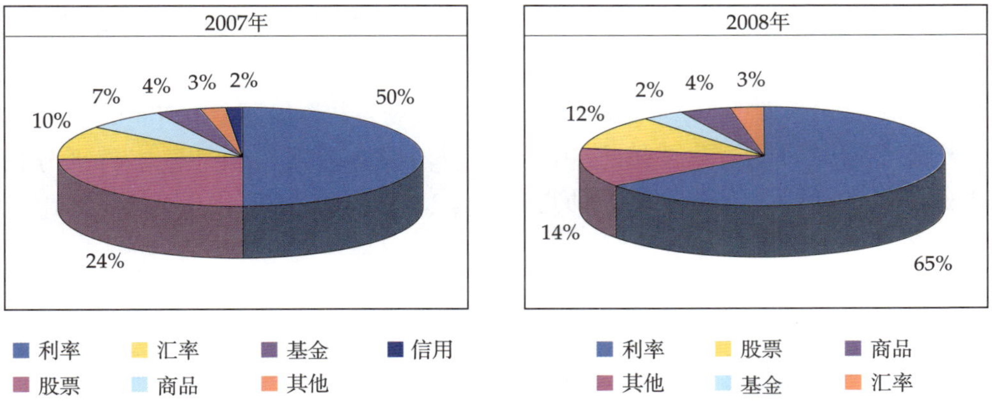


图10-7 外币理财产品挂钩情况

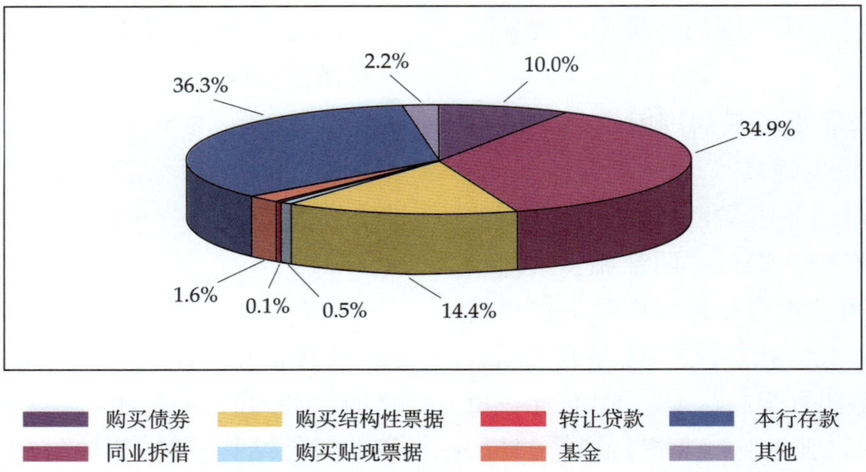


图10-8 外币理财产品投资渠道（按募集金额）

运作方式，分别占比为35%和17%。2008年出现本行存款这一新的资金运作方式，发展迅速，运用资金达640亿元，占比为36%。投向同业拆借的资金也明显上升，占比由2007年的17%升至34.9%。购买结构性票据和债券居其后。

**4．投资渠道较以往拓宽**

2008年投资渠道有一定拓宽：一是行业配置多样化，对股票类产品而言，由过去热衷的金融、房地产等周期性行业开始逐步转向了基础建设或多个行业的混合；二是跟踪热点，受过去农产品价格飙升和高通货膨胀压力的影响，挂钩农产品价格指数和黄金的商品类理财产品增多；三是地区市场配置多样化，例如，挂钩的股票已经扩展至韩国、中国台湾等市场。

**5．四大国有商业银行优势地位不变，股份制商业银行和外资银行竞争激烈**

四大国有商业银行继续主导外币理财产品市场，共募集资金1 004亿元，占比为56%。股份制商业银行和外资银行平分秋色，各募集资金394亿元，占比均为22%。股份制商业

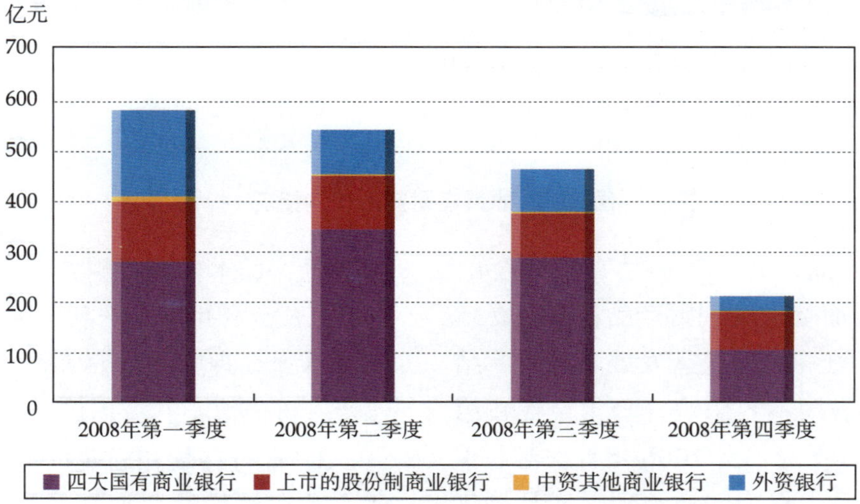


图10-9 外币理财产品增长趋势（募集金额）

银行外币理财产品同比减少较为明显，而外资银行的整体市场份额在2008年有所回升。

从发展趋势看，股份制商业银行发行情况较为稳定，而四大国有商业银行和外资银行的发行情况下滑较为明显。中资其他商业银行的发行量极微小，但相对稳定。

## 三、信托理财产品：规模增长较快，投资渠道呈现多元化

### （一）市场运行情况

**1. 发行规模同比大幅增加**

2008年，纳入中国人民银行监测体系[①]的主要信托公司共发行单一资金信托计划2 032只，同比增加831只；募集金额为5 091亿元，同比增加1 973亿元，增幅为63%。发行集合资金信托计划298只，同比减少27只；募集资金545.8亿元，同比减少250.5亿元，减幅为31.5%（见图10-10）。由于单一资金信托计划在信托理财中居绝对主导地位，所以信托理财产品在2008年的发行规模较2007年呈明显上升趋势。

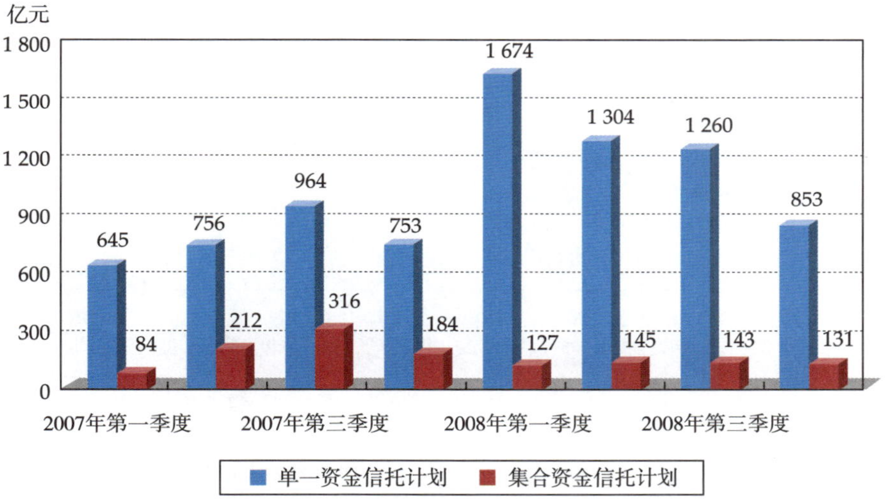


图10-10 资金信托计划募集资金额（按季度）

**2. 产品平均委托期限先降后升**

2008年以来，由于金融市场动荡，风险加大，投资者更加倾向于投资期限较短的理财产品。上半年，新发行的理财产品的平均委托期限延续2007年第三季度以来的下降趋势，并于第二季度触底。当季度单一资金信托计划的加权平均期限为0.65年，集合资金信托计划的加权平均期限为1.25年。下半年，政府出台刺激经济计划，投资者的投资意愿有所增强，产品期限开始延长。单一资金信托计划的加权平均期限从第二季度的0.65年上升到第四季度的1.12年；集合资金信托计划的加权平均期限从第二季度的1.25年上升到第四季度的3.8年。

**3. 预期收益率回落**

2008年，信托理财产品的预期收益率呈下降趋势。集合资金信托计划的预期收益率在第一季度达到9.35%，创下近两年来的纪录，之后一路下滑到第四季度的5.21%。单一资金信托计划的预期收益率在前三个季度

①数据来源：中国人民银行上海总部。

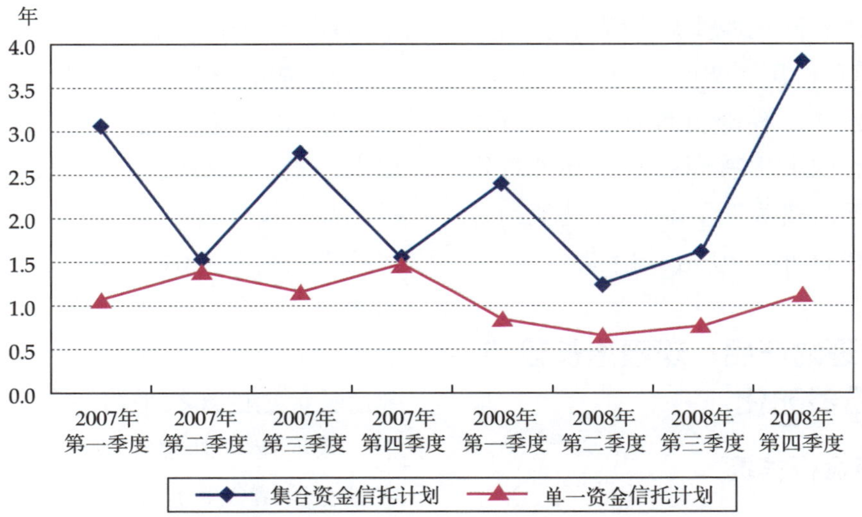


**图10-11 单一资金信托计划和集合资金信托计划的平均期限走势**

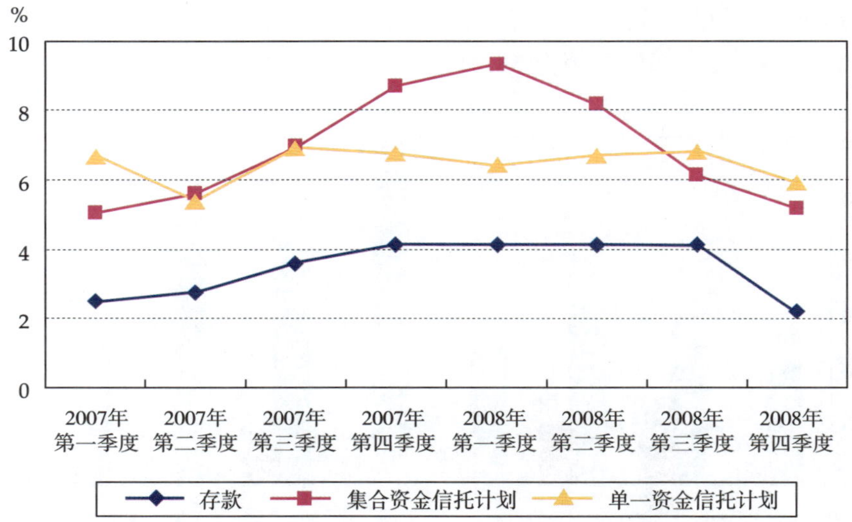


**图10-12 信托理财产品的加权预期收益率与同期存款利率比较**

维持微弱升势，并在第三季度达到6.83%。随着贷款基准利率的下调，单一资金信托计划的预期收益率在第四季度内随之下降至5.95%。

**4．行业投向格局有所调整**

单一资金信托资金主要投向于金融业、工商企业和基础设施，比例分别为54%、19%和19%。其中投向金融业的规模为2 749亿元，同比增长109%；投向工商企业的规模为951亿元，同比增长135%；投向基础设施的规模为987亿元，同比增长60%；投向房地产的规模为204亿元，同比下降13%，占比仅为4%。

集合资金信托资金主要投向于金融业和房地产，其余依次为工商企业和基础设施。其中投向金融业的规模为282.8亿元，同比减少46.5%；投向房地产的资金规模为153.9亿元，同比增加247%。

## （二）运行的主要特点

**1. 单一资金信托计划继续主导市场，集合资金信托计划日渐萎缩**

单一资金信托计划继续主导信托理财市场，全年一共募集金额为5 090.5亿元，同比增长63%。集合资金信托计划的发行有所下滑，全年共募集金额为547亿元，同比下降31%。个别信托公司在第三季度甚至没有发行集合资金类信托计划。截至2008年年末，单一资金信托计划占比为90%，同比增长10个百分点；集合资金信托计划仅占10%，同比下降10个百分点。由于单一资金信托计划的委托人主要是机构投资者，所以整个信托理财产品市场呈现委托人机构化的趋势。

**2. 基于“银信合作”的资金运用方式逐渐丰富**

2007年，信托理财资金的运用方式主要是贷款和证券投资，两者占比分别为42%和40%。2008年，信托理财产品的资金运用方式主要是贷款、证券投资和票据投资，与2007年相比，基于“银信合作”的平台，增加了信贷资产转让、票据投资以及组合投资等方式，资金运用方式逐渐丰富。

单一资金信托资金的运用方式主要是信托贷款、证券投资、票据投资和信贷资产转让，对应规模分别是2 108亿元、1 456亿元、675亿元和379亿元。由于票据投资和信贷资产转让等方式的出现，投向贷款的资金占比为41.4%，同比下降0.4个百分点，投向证券的资金则同比大幅下降11.4个百分点，占比为28.6%。投向信贷资产转让、票据以及组合投资的资金之和占比为21.5%。

集合资金信托资金的运用方式主要是信托贷款、证券投资、票据投资和股权投资，其中，贷款类资产占比为30%，同比增长26.6%；证券投资类资产占比为28%，同比下降21.2%。投向信贷资产转让、票据以及组合投资的资金之和占比约为16%。

**3. 贷款类信托计划发行规模与商业银行新增贷款两者关系互补，上半年高速增长，下半年增速放缓**

在从紧的货币政策转向适当宽松的货币政策之前，贷款类信托计划获得快速发展。全年共发行贷款类信托计划共募集资金为2 291亿元（见图10-13），同比增长69.5%。但是，在进入第三季度以后，贷款类信托计划的增速开始放缓，在经历第二季度增长99%的高峰后，回落到61.2%。

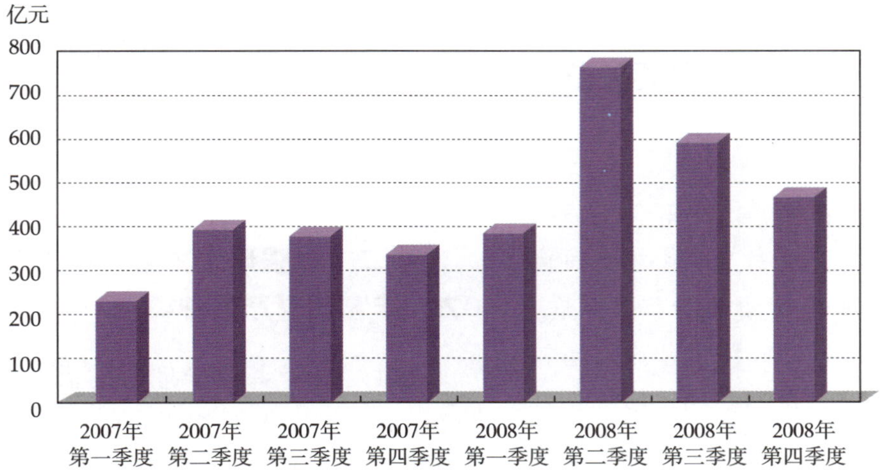


图10-13 贷款类信托计划发行规模变化

贷款类信托计划与银行新增贷款近似负相关。在第一季度，四大国有商业银行新增贷款5 227亿元，同比减少12.1%；股份制商业银行新增贷款2 699亿元，同比减少23.3%；同期贷款类信托计划发行395.3亿元，则同比增长72.8%。到第三季度末，四大国有商业银行和股份制商业银行新增贷款开始上升，贷款类信托计划的增速开始下降。

**4. 市场预期收益率下降，固定收益类资产成为信托理财热点**

受金融危机的影响，市场的偏好由高收益、高风险的证券类资产转向低收益、低风险的固定收益资产。信托理财产品投资的固定收益类资产主要有票据和债券。

票据资产转让类信托计划在第一季度内的发行量就达到65.3亿元，第三季度达到350.9亿元的季度发行规模峰值，全年共发行743亿元。债券类信托计划在2008年下半年得到市场的追捧，尤其是一些期限较短的信托计划，把债券作为主要的配置资产。2008年6月末，债券投资类信托计划的发行规模仅为4.25亿元，截至2008年12月31日，达到180亿元。2008年12月，信托理财资金被允许进入银行间债券市场，进一步促进债券投资类信托理财产品的快速增长。

## 四、推进市场平稳发展需要关注的几个方面

相对于股票市场和债券市场等其他发展时间较长的金融市场，理财产品市场无疑尚处于成长初期，发展是其面临的首要问题。总的来讲，需要从推进基础制度建设、丰富产品种类、建立市场中介体系和价值评估体系以及完善投资者保护几个方面入手推动市场平稳、持续发展。

### （一）进一步推进市场制度建设，规范信息披露

处于成长初期的理财产品市场，其制度建设的相对滞后是客观存在的，所以加强制度建设是培育、规范市场行为的首要环节。而无论是目前波及全球的金融危机还是国内金融市场近年的发展实践都表明，信息披露是防范风险、维护市场公平稳定运转的重要保证，所以完善信息披露相关的法律、法规建设应是整个市场制度构建的重点。

2008年，相关监管机构就进一步规范金融理财业务又相继出台了《关于进一步规范商业银行个人理财业务有关问题的通知》、《银行与信托公司业务合作指引》和《关于加强财产保险公司投资型保险业务管理的通知》等一系列法规。这些规范性文件对相关业务都进行了原则性规定，包括开展业务的资格要求、信息披露要求等。但回顾2008年，市场中理财产品信息不透明、支付条款模糊等现象在一定程度上仍然存在。相关监管部门应该进一步加强对理财产品市场的外部监管：一是完善和细化包括产品设计和投资等各方面的规范性文件，提高规范的针对性和可操作性；二是要求金融机构建立销售环节的操作规范，强化金融机构告知义务的履行，从制度上保障现有规范性文件得到很好的执行；三是要特别注重把信息披露落到实处，明确金融机构告知义务的范围，细化相关告知义务条款，增加理财产品的透明度。

### （二）加强研发力量，提高自主创新能力，丰富理财产品种类

国内投资者对于理财的需求是旺盛的，市场的发展主要受制于供给，而决定市场供给的决定性因素是金融机构的产品研发能力。研发能力主要体现在基础资产选择、市

场时机选择与结构选择三个方面。目前，国内的金融理财产品市场尚处于发展初期，要使理财业务获得持续、稳健的发展，金融机构就必须加强自身研发力量，不断通过产品创新满足、引导和培育特定客户群体的需求，更大限度地体现产品的增值性。同时，应更敏锐地把握市场需求，不断调整和推出适宜的理财产品，积极深化理财服务的内涵，摆脱单纯产品推销人的角色。

### （三）推动建立理财产品市场信息中介体系和价值评估体系

由于理财产品与股票等公开发行证券之间存在显著差异，理财产品市场上的信息中介缺位问题一直没有得到应有的重视。理财产品销售与客户关系维护通常被认为是银行与投资者之间可以直接解决的事情，然而信息不对称、信息流通不畅、不公平竞争甚至缺乏竞争等问题在理财产品市场上同样非常突出。同时，在产品众多的理财产品市场上，大量信息有待整理与分析，众多普通投资者也需要专业化理财策略顾问的帮助。因此，作为独立第三方的信息与策略中介在这一市场上同样是必需的。事实上，由于传统的事后价值排名并不适用于理财产品的价值评定，理财市场目前也尚未形成完整、成熟的价值评估体系。

监管机构应通过相应的制度建设来推动市场信息中介体系的建立，同时鼓励、倡导金融机构和中介机构探索适用于理财产品的价值评估体系。

### （四）加强投资者风险教育，保护投资者合法权益

投资者教育的主要目的在于保护投资者利益，使其成为理财产品的理性、成熟的投资者，这也是维护市场健康、稳定发展的重要方面。尽管理财产品市场这两年取得了较快发展，但是必须承认的是，我国的理财产品市场还不成熟，投资者的投资研判水平仍然不高。

监管部门、金融机构和市场中介等多方应共同努力创造环境，在保证投资者可以了解到产品必要信息、有条件地进行选择的前提下，让投资者能够理解理财产品的性质，有能力作出适宜的选择。改善投资者教育状况的途径与形式丰富多样，可以组织开展各种相关宣传展览、投资培训等活动。金融机构应特别加强与投资者的有效沟通，通过内部制度的构建来保证沟通机制的畅通有效，通过风险提示减少纠纷，树立金融机构自身的诚信形象。

## 五、市场发展展望

在国际经济、金融动荡不安的大环境下，我们可以预见到2009年国内理财产品市场将继续面临较为严峻的考验。总结2008年市场的主要特点，2009年理财产品市场将会呈现以下主要趋势：

### （一）资金运用渠道将进一步拓宽

资金投资渠道将进一步拓宽，主要表现为市场资金配置的行业多样化、热点分散化和区域多元化，以达到分散风险的目的。面对国内经济增速下滑和金融危机对实体经济影响的逐步蔓延，债券、票据将会成为投资方向的新宠，信贷类产品的主导地位逐步动摇，期权和期货等高风险产品可能进入投资视野。

### （二）产品期限趋于短期化，风险敞口设计更为谨慎

在全球金融危机结束之前，金融市场投资者的信心不足，对风险的偏好趋于保守。因而，在资产选择上偏向于风险较低的理财产品，同时对理财产品的期限要求也会更短，以满足流动性需要。

对于金融机构而言，2008年理财产品市场的“零（负）收益”风波，其背后成因主要是产品设计的风险敞口过大。在金融危机还未结束、世界经济前途未卜的2009年，金融机构在产品的风险敞口设计方面预计会更为谨慎，通过止损、保本等多种机制实现规避高风险，同时为投资者提供多元化投融资渠道的目的。

### （三）刺激增长的经济政策可能催生理财产品市场新的盈利模式

作为理财产品市场的主要运作模式，“银信合作”业务在2008年不断受到冲击：上半年由于股票市场持续下跌，新股发行基本停止，“打新股”类 “银信合作”产品明显萎缩；下半年受到商业银行信贷规模放松的冲击，信贷类“银信合作”产品转入下滑趋势。旧的盈利模式正在遭受市场严峻的挑战。同为“银信合作”主体，信托公司无疑比银行面临更严峻的挑战。信托公司尚未形成核心竞争力，各家公司的主营业务也不尽相同，信托理财一直在寻找转型的契机。

随着外部经济环境的变化以及金融业竞争激烈程度的加剧，信托公司只有加大金融创新的力度、调整产品结构以适应市场需求，才有可能安全度过市场低迷时期。在中央出台有关“扩内需、保增长”的经济政策后，部分信托公司开始寻找“信政合作”的模式，通过产品创新，为地方政府在基础设施建设方面进行融资服务。

# 附录一　2008年金融市场发展大事记

**1月9日** 上海期货交易所公告《关于黄金期货上市交易有关事项的通知》，并上市黄金期货合约。

**1月18日** 中国人民银行发布《关于开展人民币利率互换业务有关事宜的通知》（银发[2008]18号），全面推出利率互换业务。

**1月25日** 中国人民银行决定上调存款类金融机构人民币存款准备金率0.5个百分点。

**3月25日** 中国人民银行决定上调存款类金融机构人民币存款准备金率0.5个百分点。

**3月25日** 中国银监会发布《银行业金融机构支持服务业加快发展指导意见》，以落实国家宏观产业政策，促进服务业更好、更快地发展。

**4月15日** 中国人民银行制定并公布实施《银行间债券市场非金融企业债务融资工具管理办法》，以进一步完善银行间债券市场管理，促进非金融企业直接债务融资发展。

**4月16日** 中国证监会制定并公告实施《关于规范上市公司重大资产重组若干问题的规定》，以规范上市公司重大资产重组行为，提高上市公司信息披露的准确性和完整性。

**4月24日** 中国人民银行、中国银监会联合发布《关于村镇银行、贷款公司、农村资金互助社、小额贷款公司有关政策的通知》，以改进和完善农村金融服务、培育竞争性农村金融市场。

**4月25日** 中国人民银行决定上调存款类金融机构人民币存款准备金率0.5个百分点。

**5月1日** 中国证监会制定《期货公司首席风险官管理规定（试行）》，并开始实施。

**5月18日** 中国证监会公布施行《上市公司重大资产重组管理办法》（中国证券监督管理委员会第53号令）。

**5月19日** 中国人民银行和中国银监会联合发布《关于全力做好地震灾区金融服务工作的紧急通知（第1号）》（银发[2008]52号），对受到地震灾害影响的四川、甘肃、陕西、重庆、云南等重灾省市实施恢复金融服务的特殊政策。

**5月20日** 中国人民银行决定上调存款类金融机构人民币存款准备金率0.5个百分点。

**6月15日** 中国人民银行决定上调存款类金融机构人民币存款准备金率0.5个百分点。地震重灾区法人金融机构暂不上调。

**6月25日** 中国人民银行决定上调存款类金融机构人民币存款准备金率0.5个百分点。地震重灾区法人金融机构暂不上调。

**8月1日** 中国人民银行发布并公布实施《银行间债券市场债券交易券款对付结算有关事项公告》，以进一步提高市场效率，降低债券交易结算风险，推动债券市场健康发展。

**8月4日** 中国证监会公布施行《上市公司并购重组财务顾问业务管理办法》（中国

证券监督管理委员会第54号令)。

**8月25日** 国务院常务会议修订并通过《中华人民共和国外汇管理条例》,并公布实施。

**9月16日** 中国人民银行决定下调1年期人民币贷款基准利率0.27个百分点,其他期限档次贷款基准利率按照短期多调、长期少调的原则作相应调整;存款基准利率保持不变。

**9月25日** 中国人民银行决定除中国工商银行、中国农业银行、中国银行、中国建设银行、交通银行、中国邮政储蓄银行暂不下调外,其他存款类金融机构人民币存款准备金率下调1个百分点,汶川地震重灾区地方法人金融机构存款准备金率下调2个百分点。

**10月5日** 中国人民银行同意中国银行间市场交易商协会继续接受非金融企业中期票据发行的注册,以解决当前经济金融运行中的突出矛盾。

**10月9日** 中国人民银行决定下调1年期人民币存贷款基准利率各0.27个百分点,其他期限档次存贷款基准利率作相应调整。

**10月9日** 中国证监会公布施行《关于修改上市公司现金分红若干规定的决定》(中国证券监督管理委员会第57号令)。

**10月15日** 中国人民银行决定下调存款类金融机构人民币存款准备金率0.5个百分点。

**10月17日** 中国证监会制定《上市公司股东发行可交换公司债券试行规定》(中国证券监督管理委员会公告[2008]41号),并公布实施。

**10月30日** 中国人民银行决定下调金融机构人民币存贷款基准利率,1年期存款基准利率由现行的3.87%下调至3.60%,下调0.27个百分点;1年期贷款基准利率由现行的6.93%下调至6.66%,下调0.27个百分点;其他各档次存贷款基准利率作相应调整。个人住房公积金贷款利率保持不变。

**11月27日** 中国人民银行决定下调金融机构1年期人民币存贷款基准利率各1.08个百分点,其他期限档次存贷款基准利率作相应调整。同时,下调中央银行再贷款、再贴现等利率。

**12月1日** 中国证监会公布施行《证券发行上市保荐业务管理办法》(中国证券监督管理委员会第59号令)。

**12月1日** 中国证监会公布施行《证券公司业务范围审批暂行规定》(中国证券监督管理委员会公告[2008]42号)。

**12月5日** 中国人民银行决定下调中国工商银行、中国农业银行、中国银行、中国建设银行、交通银行、中国邮政储蓄银行等大型存款类金融机构人民币存款准备金率1个百分点,下调中小型存款类金融机构人民币存款准备金率2个百分点。同时,继续对汶川地震灾区和农村金融机构执行优惠的存款准备金率。

**12月9日** 中国银监会发布《商业银行并购贷款风险管理指引》,允许符合条件的商业银行开办并购贷款业务。

**12月12日** 中国人民银行和韩国银行宣布签署一个双边货币互换协议。该协议实施有效期3年,提供的流动性支持规模为1 800亿元人民币/38万亿韩元。

**12月13日** 国务院办公厅发布《关于当前金融促进经济发展的若干意见》,以应对国际金融危机的冲击,贯彻落实党中央、国务院关于进一步扩大内需、促进经济增长的十项措施。

**12月16日** 中国银监会正式批准国家开发银行以发起设立的方式进行改制，设立国家开发银行股份有限公司。

**12月23日** 中国人民银行决定下调1年期人民币存贷款基准利率各0.27个百分点，其他期限档次存贷款基准利率作相应调整。同时，下调中央银行再贷款、再贴现利率。

**12月25日** 中国人民银行决定下调金融机构人民币存款准备金率0.5个百分点。

# 附录二 中国金融市场统计

**表1 1998~2008年主要宏观经济金融指标 (年末余额)**

单位：亿元、%

| 项目 | 1998 | 1999 | 2000 | 2001 | 2002 | 2003 | 2004 | 2005 | 2006 | 2007 | 2008 |
|---|---|---|---|---|---|---|---|---|---|---|---|
| 国内生产总值(GDP) | 84 402 | 89 677 | 99 215 | 109 655 | 120 333 | 135 823 | 159 878 | 183 217 | 212 924 | 257 306 | 300 670 |
| 增长率 | 7.8 | 7.6 | 8.4 | 8.3 | 9.1 | 10.0 | 10.1 | 10.4 | 11.6 | 13.0 | 9.0 |
| 进出口总额(亿美元) | 3 239.3 | 3 607 | 4 743 | 5 097.7 | 6 208 | 8 512 | 11 547 | 14 221 | 17 607 | 21 738 | 25 616 |
| 增长率 | -0.4 | 11.3 | 31.5 | 7.5 | 21.8 | 37.1 | 35.7 | 23.2 | 23.8 | 23.5 | 17.8 |
| 出口(亿美元) | 1 837.6 | 1 949 | 2 492 | 2 661 | 3 256 | 4 384 | 5 934 | 7 620 | 9 691 | 12 180 | 14 285 |
| 进口(亿美元) | 1 401.7 | 1 658 | 2 251 | 2 436.1 | 2 952 | 4 128 | 5 614 | 6 601 | 7 916 | 9 558 | 11 331 |
| 外汇储备(亿美元) | 1 450 | 1 546.8 | 1 655.7 | 2 121.7 | 2 864 | 4 033 | 6 099.0 | 8 189 | 10 663 | 15 282 | 19 460 |
| 外商直接投资(亿美元) | 454.6 | 404 | 408 | 468.5 | 527 | 535 | 606 | 603 | 694.7 | 747.7 | 924 |
| 财政收入 | 9 876 | 11 444.1 | 13 380.1 | 16 371 | 18 914 | 21 691 | 26 355.9 | 31 628 | 38 760.2 | 51 304 | 61 316.9 |
| 财政支出 | 10 798.2 | 13 187.7 | 15 879.4 | 18 844 | 22 012 | 24 607 | 28 360.8 | 33 708.1 | 40 222.7 | 49 565.4 | 62 427.03 |
| 赤字或盈余 | -922.2 | -1 743.6 | -2 499.3 | -2 473 | -3 098 | -2 916 | -2 004.9 | -2 080.1 | -1 462.5 | 1 738.6 | -1 110.13 |
| 货币供应量(M2) | 104 499 | 119 897.9 | 134 610.3 | 158 301.9 | 185 007 | 221 222.8 | 254 107 | 296 040.1 | 345 577.9 | 403 401.3 | 475 166.6 |
| 增长率 | 15.3 | 14.7 | 12.3 | 14.4 | 16.8 | 19.6 | 14.6 | 17.6 | 16.7 | 16.7 | 17.8 |
| 货币供应量(M1) | 38 953.7 | 45 837.2 | 53 147.2 | 59 871.6 | 70 822 | 84 118.6 | 95 969.7 | 107 279.9 | 126 028.1 | 152 519.2 | 166 217.1 |
| 增长率 | 11.9 | 17.7 | 16.0 | 12.7 | 16.8 | 16.7 | 13.6 | 11.6 | 17.5 | 21.0 | 8.98 |
| 货币供应量(M0) | 11 204.2 | 13 455.5 | 14 652.7 | 15 688.8 | 17 278 | 19 746 | 21 468.3 | 24 032.8 | 27 072.6 | 30 334.3 | 34 218.96 |
| 增长率 | 10.1 | 20.1 | 8.9 | 7.1 | 10.1 | 14.3 | 8.7 | 11.9 | 12.6 | 12.0 | 12.8 |
| 城镇居民人均可支配收入(元人民币) | 5 245 | 5 854 | 6 280 | 6 859.6 | 7 703 | 8 500 | 9 422 | 10 493 | 11 759 | 13 786 | 15 781 |
| 实际增长率 | 5.8 | 9.3 | 6.4 | 8.5 | 13.4 | 9.0 | 7.7 | 9.6 | 10.4 | 12.2 | 8.4 |
| 农村居民人均纯收入(元人民币) | 2 163.6 | 2 210 | 2 253 | 2 366 | 2 475.6 | 2 622 | 2 936 | 3 255 | 3 587 | 4 140 | 4 761 |
| 实际增长率 | 4.3 | 3.8 | 2.1 | 4.2 | 4.8 | 4.3 | 6.8 | 6.2 | 7.4 | 9.5 | 8 |
| 金融机构各项存款 | 95 697.9 | 108 778.9 | 123 804.4 | 143 617.2 | 170 917.4 | 208 055.6 | 241 424.3 | 300 208.6 | 348 015.6 | 401 051.4 | 466 203.3 |
| 增长率 | 16.1 | 13.7 | 12.4 | 16.0 | 18.1 | 20.2 | 15.3 | 18.2 | 15.9 | 15.2 | 16.2 |
| 金融机构各项贷款 | 86 524.1 | 93 734.3 | 99 371.1 | 112 314.7 | 131 293.9 | 158 996.2 | 178 197.8 | 206 838.5 | 238 279.8 | 277 746.5 | 303 394.6 |
| 增长率 | 15.5 | 12.5 | 13.4 | 11.6 | 15.4 | 21.4 | 14.4 | 12.8 | 15.2 | 16.6 | 9.2 |
| 居民消费价格指数 (CPI) | -0.8 | -1.4 | 0.4 | 0.7 | -0.8 | 1.2 | 3.9 | 1.8 | 1.5 | 4.8 | 5.9 |

注：由于统计制度的调整，表中增长率是经过调整的可比口径的同期比；2008年国内生产总值和财政收支数据为初步核算数。

数据来源：国家统计局、中国人民银行、财政部。

## 表2　1998~2008年新增本外币存贷款构成及增长率(年末余额)

单位：亿元、%

| 项目 | 1998 | 1999 | 2000 | 2001 | 2002 | 2003 | 2004 | 2005 | 2006 | 2007 | 2008 |
|---|---|---|---|---|---|---|---|---|---|---|---|
| 金融机构各项存款 | 95 697.9 | 108 778.9 | 123 804.4 | 143 617.2 | 170 917.4 | 208 055.6 | 241 424.3 | 300 208.6 | 348 015.6 | 401 051.4 | 478 444.21 |
| 比上年年末增长 | 16.1 | 13.7 | 12.4 | 16.0 | 18.1 | 20.2 | 15.3 | 18.2 | 15.9 | 15.2 | 19.3 |
| 其中:城乡居民储蓄 | 53 407.5 | 59 621.8 | 64 332.4 | 73 762.4 | 86 910.7 | 103 617.7 | 119 555.4 | 147 053.7 | 166 616.2 | 176 213.3 | 221 503.47 |
| 比上年年末增长 | 17.1 | 11.6 | 7.9 | 14.7 | 17.1 | 17.4 | 14.0 | 16.5 | 13.3 | 5.8 | 25.7 |
| 企业存款 | 32 486.6 | 37 182.4 | 44 093.7 | 51 546.6 | 60 028.6 | 72 487.1 | 84 669.5 | 101 750.6 | 118 851.7 | 144 814.1 | 164 385.79 |
| 比上年年末增长 | 13.4 | 14.5 | 18.6 | 16.9 | 15.3 | 19.4 | 16.4 | 13.8 | 16.8 | 21.8 | 13.5 |
| 金融机构各项贷款 | 86 524.1 | 93 734.3 | 99 371.1 | 112 314.7 | 131 293.9 | 158 996.2 | 178 197.8 | 206 838.5 | 238 279.8 | 277 746.5 | 320 048.68 |
| 比上年年末增长 | 15.5 | 12.5 | 13.4 | 11.6 | 15.4 | 21.4 | 14.4 | 12.8 | 15.2 | 16.6 | 15.2 |
| 其中:短期贷款 | 60 613.2 | 63 887.6 | 65 748.1 | 67 327.2 | 76 822.4 | 87 397.9 | 90 808.3 | 91 157.5 | 101 698.2 | 118 898.0 | 128 571.47 |
| 比上年年末增长 | 9.4 | 5.4 | 2.9 | 7.7 | 9.9 | 13.8 | 7.4 | 6.5 | 11.6 | 16.9 | 8.1 |
| 中长期贷款 | 20 717.8 | 23 968.3 | 27 931.2 | 39 238.1 | 51 731.6 | 67 251.7 | 81 010.1 | 92 940.5 | 113 009.8 | 138 581.0 | 164 160.42 |
| 比上年年末增长 | 33.9 | 15.7 | 16.5 | 15.2 | 23.2 | 30.0 | 22.1 | 16.2 | 21.6 | 22.6 | 18.5 |

数据来源：中国人民银行。

## 表3　1997~2008年贷款余额、债券存量、股票市值与GDP的比例

单位：亿元、%

| 年份 | GDP | 贷款余额 | 贷款余额/GDP | 债券存量 | 债券存量/GDP | 股票总市值 | 股票总市值/GDP |
|---|---|---|---|---|---|---|---|
| 1997 | 78 793 | 74 914 | 95.1 | 4 781 | 6.1 | 17 529 | 22.2 |
| 1998 | 84 402 | 86 524.1 | 102.5 | 10 480 | 12.4 | 19 506 | 23.1 |
| 1999 | 89 677 | 93 734.3 | 104.5 | 13 189 | 14.7 | 26 471 | 29.5 |
| 2000 | 99 215 | 99 371.1 | 100.2 | 16 746 | 16.9 | 48 091 | 48.5 |
| 2001 | 109 655 | 112 314.7 | 102.4 | 21 587 | 19.7 | 43 502 | 39.7 |
| 2002 | 120 333 | 131 293.9 | 109.1 | 31 428 | 26.1 | 38 329 | 31.9 |
| 2003 | 135 823 | 158 996.2 | 117.1 | 41 182 | 30.3 | 42 458 | 31.3 |
| 2004 | 159 878 | 178 197.8 | 111.5 | 49 664 | 31.1 | 37 056 | 23.2 |
| 2005 | 183 868 | 206 838.5 | 112.5 | 72 424 | 39.4 | 32 430 | 17.6 |
| 2006 | 210 871 | 238 279.8 | 113.0 | 92 452.1 | 43.8 | 89 404 | 42.4 |
| 2007 | 246 619 | 277 746.5 | 112.6 | 123 338.6 | 50.0 | 327 140.9 | 132.7 |
| 2008 | 300 670 | 320 048.68 | 106.5 | 151 102.3 | 50.3 | 121 366.4 | 40.4 |

注：1997~2000年债券存量未包含交易所存管数据，2001年以后的债券存量是指在中央国债登记结算有限责任公司托管的银行间、交易所及柜台债券存量。

数据来源：中国人民银行、中央国债登记结算有限责任公司。

## 表4 1997~2008年社会融资结构情况表

单位：亿元、%

| 年份 | 融资总额 | 银行贷款 | 占融资总额的比重 | 国债 | 占融资总额的比重 | 企业债券 | 占融资总额的比重 | 股票 | 占融资总额的比重 |
|---|---|---|---|---|---|---|---|---|---|
| 1997 | 14 174 | 11 339 | 80.0 | 1 865 | 13.2 | 35 | 0.2 | 934 | 6.6 |
| 1998 | 14 909 | 11 846 | 79.5 | 2 218 | 14.9 | 42 | 0.3 | 804 | 5.4 |
| 1999 | 14 562 | 10 721 | 73.6 | 2 776 | 19.1 | 167 | 1.1 | 897 | 6.2 |
| 2000 | 17 163 | 12 499 | 72.8 | 2 478 | 14.4 | 83 | 0.5 | 2 103 | 12.3 |
| 2001 | 16 555 | 12 558 | 75.9 | 2 598 | 15.7 | 147 | 0.9 | 1 252 | 7.6 |
| 2002 | 24 233 | 19 228 | 79.3 | 3 718 | 15.3 | 325 | 1.3 | 962 | 4.0 |
| 2003 | 35 154 | 29 936 | 85.1 | 3 525 | 10.0 | 336 | 1.0 | 1 357 | 3.9 |
| 2004 | 29 023 | 24 066 | 82.9 | 3 126 | 10.8 | 327 | 1.1 | 1 504 | 5.2 |
| 2005 | 31 507 | 24 617 | 78.1 | 2 996 | 9.5 | 2 010 | 6.4 | 1 884 | 6.0 |
| 2006 | 39 874 | 32 687 | 82.0 | 2 675 | 6.7 | 2 266 | 5.7 | 2 246 | 5.6 |
| 2007 | 49 817 | 39 205 | 78.7 | 1 790 | 3.6 | 2 290 | 4.6 | 6 532 | 13.1 |
| 2008 | 59 984 | 49 854 | 83.1 | 1 027 | 1.7 | 5 446 | 9.1 | 3 657 | 6.1 |

注：1. 国债中不包含1.55万亿元特别国债。
2. 股票融资中不包含金融机构的上市融资额。
3. 企业债包括短期融资券、中期票据和公司债。
数据来源：中国人民银行。

## 表5 1997~2008年银行间同业拆借与债券回购成交情况表

单位：亿元

| 年份 | 拆借 | 质押式回购交易额 | 买断式回购交易额 |
|---|---|---|---|
| 1997 | 8 298 | 309.87 | — |
| 1998 | 1 978 | 1 021.48 | — |
| 1999 | 3 291 | 3 956.93 | — |
| 2000 | 6 728 | 15 784.94 | — |
| 2001 | 8 082 | 40 133.30 | — |
| 2002 | 12 107 | 101 885.21 | — |
| 2003 | 24 113 | 117 203.41 | — |
| 2004 | 14 556 | 93 104.89 | 1 262.65 |
| 2005 | 12 783 | 156 784.32 | 2 222.83 |
| 2006 | 21 503 | 263 020.58 | 2 892.13 |
| 2007 | 106 466 | 440 672.34 | 7 252.61 |
| 2008 | 150 492 | 563 829.51 | 17 375.73 |

注：回购数据来源调整为中国外汇交易中心。
数据来源：中国外汇交易中心。

## 表6 1997~2008年同业拆借成员变化表

单位：家

| 年份 | 银行 | 证券公司 | 基金公司 | 保险公司 | 信托公司 | 财物公司 | 租赁公司 | 农村信用联社 | 城市信用合作社 | 其他 | 总计 |
|---|---|---|---|---|---|---|---|---|---|---|---|
| 1997 | 59 | 0 | 0 | 0 | 0 | 0 | 0 | 0 | 0 | 37 | 96 |
| 1998 | 165 | 0 | 0 | 0 | 0 | 0 | 0 | 0 | 0 | 2 | 167 |
| 1999 | 187 | 7 | 0 | 0 | 0 | 0 | 0 | 99 | 0 | 3 | 296 |
| 2000 | 232 | 14 | 0 | 0 | 0 | 20 | 0 | 148 | 0 | 3 | 417 |
| 2001 | 246 | 18 | 0 | 0 | 0 | 25 | 0 | 198 | 0 | 3 | 490 |
| 2002 | 261 | 41 | 0 | 0 | 0 | 25 | 0 | 202 | 4 | 3 | 536 |
| 2003 | 289 | 56 | 0 | 0 | 0 | 32 | 0 | 229 | 10 | 1 | 617 |
| 2004 | 309 | 64 | 0 | 0 | 0 | 35 | 0 | 236 | 11 | 1 | 656 |
| 2005 | 323 | 66 | 0 | 0 | 0 | 38 | 0 | 239 | 12 | 1 | 679 |
| 2006 | 339 | 53 | 0 | 0 | 0 | 46 | 0 | 250 | 15 | 0 | 703 |
| 2007 | 326 | 56 | 0 | 0 | 3 | 49 | 0 | 267 | 16 | 0 | 717 |
| 2008 | 340 | 58 | 0 | 0 | 16 | 58 | 4 | 298 | 13 | 4 | 788 |

注：其他包含2家资产管理公司和2家汽车金融公司。
数据来源：全国银行间同业拆借中心。

## 表7 1998~2008年票据市场情况表

单位：万亿元

| 年份 | 累计签发商业票据发生额 | 累计贴现发生额 |
|---|---|---|
| 1998 | 0.38 | 0.27 |
| 1999 | 0.51 | 0.25 |
| 2000 | 0.74 | 0.64 |
| 2001 | 1.28 | 1.55 |
| 2002 | 1.61 | 2.31 |
| 2003 | 2.77 | 4.44 |
| 2004 | 3.42 | 4.71 |
| 2005 | 4.45 | 6.75 |
| 2006 | 5.43 | 8.49 |
| 2007 | 5.87 | 10.11 |
| 2008 | 7.09 | 13.51 |

数据来源：中国人民银行。

### 表8 1997~2008年债券市场成交情况表

单位：亿元、%

| 年份 | 银行间债券市场 | | | | 交易所国债市场 | | | | 柜台市场交易额 |
|---|---|---|---|---|---|---|---|---|---|
| | 现券交易额 | 同比增长 | 回购交易额 | 同比增长 | 国债现券交易额 | 同比增长 | 国债回购交易额 | 同比增长 | |
| 1997 | 8.90 | — | 309.87 | — | 3 561.66 | — | 12 876.77 | — | 0 |
| 1998 | 76.39 | 758.52 | 1 021.48 | 229.65 | 6 059.9 | 70.1 | 15 540.86 | 20.69 | 0 |
| 1999 | 150.50 | 97.03 | 3 956.93 | 287.37 | 5 300.9 | -12.5 | 12 890.44 | -17.05 | 0 |
| 2000 | 647.66 | 330.33 | 15 784.94 | 298.92 | 4 157.5 | -21.6 | 14 733.66 | 14.3 | 0 |
| 2001 | 844.34 | 30.37 | 40 133.30 | 154.25 | 4 815.6 | 15.8 | 15 487.63 | 5.12 | 0 |
| 2002 | 4 343.50 | 414.43 | 101 885.21 | 153.87 | 8 708.69 | 80.8 | 24 419.66 | 57.67 | 14.4 |
| 2003 | 31 609.70 | 627.75 | 117 203.41 | 15.03 | 5 756.16 | -33.9 | 52 999.86 | 117.04 | 24.5 |
| 2004 | 28 196.45 | -10.80 | 94 367.54 | -19.48 | 2 966.5 | -48.5 | 44 086.63 | -16.82 | 62.2 |
| 2005 | 63 378.92 | 124.78 | 159 007.15 | 68.50 | 2 779.05 | -6.3 | 23 261.2 | -46.42 | 65.7 |
| 2006 | 109 326.62 | 72.50 | 265 912.71 | 67.23 | 1 540.7 | -44.6 | 15 413.3 | -34.75 | 42.8 |
| 2007 | 165 915.94 | 51.76 | 447 924.95 | 68.45 | 1 267.32 | -17.7 | 18 345.09 | 19.02 | 35.7 |
| 2008 | 408 269.74 | 146.07 | 581 205.24 | 29.76 | 2 122.51 | 67.5 | 24 268.66 | 32.29 | 30.4 |

注：回购数据来源调整为中国外汇交易中心。

数据来源：中央国债登记结算有限责任公司、中国证监会网站、中国外汇交易中心。

### 表9 2008年债券市场情况表

单位：亿元、%

| 年,月 | 银行间债券市场 | | | 交易所国债市场 | | | 柜台市场交易额 |
|---|---|---|---|---|---|---|---|
| | 现券交易额 | 同比增长 | 银行间债券指数 | 国债现券交易额 | 同比增长 | 交易所国债指数 | |
| 2008-01 | 22 830.40 | 135.02 | 111.6403 | 78.46 | -36.92 | 112.092 | 1.64 |
| 2008-02 | 22 395.66 | 287.55 | 112.4324 | 83.22 | -24.33 | 112.446 | 1.67 |
| 2008-03 | 36 587.64 | 194.90 | 112.9579 | 154.31 | 87.93 | 113.104 | 2.43 |
| 2008-04 | 36 682.00 | 218.84 | 112.7037 | 261.50 | 146.49 | 113.186 | 2.45 |
| 2008-05 | 29 505.39 | 206.43 | 112.2303 | 93.84 | -22.38 | 113.517 | 1.79 |
| 2008-06 | 28 910.40 | 118.01 | 110.3144 | 92.06 | -20.49 | 113.41 | 1.39 |
| 2008-07 | 37 899.24 | 152.49 | 110.3481 | 106.24 | 35.58 | 113.402 | 1.79 |
| 2008-08 | 39 235.69 | 106.10 | 111.5822 | 171.45 | 23.87 | 113.975 | 1.79 |
| 2008-09 | 35 960.58 | 143.43 | 114.9599 | 198.42 | 86.94 | 116.324 | 2.84 |
| 2008-10 | 38 204.23 | 176.37 | 119.068 | 234.66 | 125.33 | 118.95 | 2.15 |
| 2008-11 | 37 021.69 | 85.97 | 119.9468 | 315.93 | 286.27 | 119.388 | 3.45 |
| 2008-12 | 43 036.83 | 104.26 | 122.2497 | 332.42 | 234.97 | 121.296 | 7.05 |
| 合计 | 408 269.70 | 146.07 | — | 2 122.51 | 67.48 | — | 30.4 |

数据来源:中国人民银行、中央国债登记结算有限责任公司、上海证券交易所、中国外汇交易中心。

## 表10 1998~2008年债券市场发行基本情况表

单位：亿元

| 年份 | 国债 | | | 政策性金融债券 | 短期融资券 | 中央银行票据 | 非政策性金融债券 | 企业债券 | 合计 |
|---|---|---|---|---|---|---|---|---|---|
| | 记账式国债 | 凭证式国债 | 合计 | | | | | | |
| 1998 | 0 | 2 200 | 2 200 | 410 | 0 | 0 | 0 | 35 | 2 645 |
| 1999 | 2 426 | 1 550 | 3 976 | 1 470 | 0 | 0 | 0 | 138 | 5 584 |
| 2000 | 2 692 | 1 900 | 4 592 | 1 645 | 0 | 0 | 0 | 75 | 6 312 |
| 2001 | 3 084 | 1 800 | 4 884 | 2 590 | 0 | 0 | 0 | 140 | 7 614 |
| 2002 | 4 461 | 1 473 | 5 934 | 3 175 | 0 | 1 938 | 0 | 325 | 11 372 |
| 2003 | 5 439 | 2 505 | 7 944 | 4 520 | 0 | 7 850 | 0 | 324 | 20 638 |
| 2004 | 4 414 | 2 510 | 6 924 | 4 348 | 0 | 15 072 | 749 | 307 | 27 399 |
| 2005 | 5 042 | 2 000 | 7 042 | 6 032 | 1 454 | 27 882 | 1 129 | 654 | 44 192 |
| 2006 | 6 533 | 2 350 | 8 883 | 8 980 | 2 920 | 36 574 | 695 | 995 | 59 047 |
| 2007 | 21 849 | 1 634 | 23 483 | 10 932 | 3 349 | 40 721 | 1 151 | 1 720 | 81 356 |
| 2008 | 6 665 | 1 881 | 8 546 | 10 809 | 4 239 | 42 960 | 1 276 | 2 302 | 70 192 |
| 合计 | 62 605 | 21 803 | 84 408 | 54 911 | 12 022 | 172 997 | 5 000 | 7 015 | 336 351 |

注：非政策性金融债券包括商业银行次级债券、商业银行一般性债券以及国际开发机构债券；凭证式国债含电子式储蓄国债；企业债券含中期票据；本表不包含交易所发行的企业债券、公司债券等数据。

数据来源:中央国债登记结算有限责任公司、财政部、中国银行间市场交易商协会。

## 表11 1997~2008年债券市场债券托管情况表

单位：亿元

| 年份 | 银行间债券托管情况 | | | | | | | 交易所债券托管情况 | | | |
|---|---|---|---|---|---|---|---|---|---|---|---|
| | 国债 | 中央银行债券 | 金融债券 | 企业债券 | 短期融资券 | 其他债券 | 合计 | 国债 | 企业债券 | 可转换债券 | 合计 |
| 1997 | 1 170 | 119 | 3 492 | 0 | 0 | 0 | 4 781 | N.A. | N.A. | N.A. | N.A. |
| 1998 | 5 163 | 119 | 5 107 | 91 | 0 | 0 | 10 480 | N.A. | N.A. | N.A. | N.A. |
| 1999 | 6 751 | 119 | 6 089 | 230 | 0 | 0 | 13 189 | N.A. | N.A. | N.A. | N.A. |
| 2000 | 9 156 | 0 | 7 301 | 289 | 0 | 0 | 16 746 | N.A. | N.A. | N.A. | N.A. |
| 2001 | 10 973 | 0 | 8 418 | 336 | 0 | 0 | 19 727 | 1 782 | 129 | 23 | 1 934 |
| 2002 | 16 326 | 1 487 | 9 875 | 643 | 0 | 0 | 28 331 | 2 721 | 206 | 64 | 2 991 |
| 2003 | 21 034 | 3 376 | 11 789 | 917 | 0 | 0 | 37 116 | 3 544 | 364 | 205 | 4 113 |
| 2004 | 19 685 | 11 208 | 14 408 | 25 | 0 | 0 | 45 326 | 3 967 | 396 | 335 | 4 698 |
| 2005 | 23 102 | 22 627 | 19 508 | 1 398 | 1 380 | 203 | 68 218 | 3 484 | 395 | 249 | 4 128 |
| 2006 | 25 406 | 29 748 | 24 296 | 1 631 | 2 667 | 198 | 83 946 | 3 132 | 532 | 121 | 3 785 |
| 2007 | 43 255 | 30 655 | 30 700 | 3 287 | 3 203 | 286 | 111 386 | 2 857 | 690 | 99 | 3 646 |
| 2008 | 45 232 | 42 370 | 39 400 | 5 624 | 4 203 | 2 174 | 139 003 | 2 574 | 420 | 139 | 3 133 |

注：其他债券包括非金融机构债券、证券公司债券、国际开发机构债券等；交易所托管的企业债券包含公司债券；托管数全为债券面值。

数据来源：中央国债登记结算有限责任公司、中国证券登记结算有限责任公司。

### 表12 1998~2008年国债发行与兑付情况表

单位：亿元

| 年份 | 发行额 | 兑付额 | 期末余额 |
|---|---|---|---|
| 1998 | 3 809 | 2 061 | 7 766 |
| 1999 | 4 015 | 1 239 | 10 542 |
| 2000 | 4 657 | 2 179 | 13 020 |
| 2001 | 4 884 | 2 286 | 15 618 |
| 2002 | 5 934 | 2 216 | 19 336 |
| 2003 | 6 280 | 2 756 | 22 604 |
| 2004 | 6 924 | 3 750 | 25 778 |
| 2005 | 7 042 | 4 046 | 28 774 |
| 2006 | 8 883 | 4 341 | 29 048 |
| 2007 | 23 483 | 4 090 | 46 503 |
| 2008 | 8 558 | 4 930 | 48 753 |

数据来源：中国人民银行、中央国债登记结算有限责任公司。

### 表13 2000~2008年银行间债券市场参与机构数

单位：家

| 年份 | 银行 | 证券公司 | 基金公司 | 保险机构 | 非银行机构 | 信用社 | 其他 | 企业 | 总计 |
|---|---|---|---|---|---|---|---|---|---|
| 2000 | 159 | 2 | 32 | 11 | 7 | 102 | 2 | 0 | 315 |
| 2001 | 156 | 2 | 41 | 11 | 15 | 254 | 2 | 1 | 482 |
| 2002 | 182 | 25 | 78 | 20 | 52 | 423 | 2 | 32 | 814 |
| 2003 | 198 | 87 | 192 | 38 | 97 | 575 | 3 | 1 889 | 3 079 |
| 2004 | 231 | 95 | 361 | 63 | 117 | 665 | 11 | 2 755 | 4 298 |
| 2005 | 271 | 103 | 500 | 91 | 121 | 680 | 13 | 3 729 | 5 508 |
| 2006 | 295 | 107 | 613 | 104 | 136 | 711 | 23 | 4 450 | 6 439 |
| 2007 | 308 | 112 | 688 | 113 | 142 | 762 | 30 | 4 940 | 7 095 |
| 2008 | 341 | 117 | 1 053 | 128 | 154 | 801 | 24 | 5 681 | 8 299 |

数据来源：中央国债登记结算有限责任公司。

## 表14 2008年银行间债券市场结算代理人名单

单位：亿元

| 序号 | 机构名称 | 序号 | 机构名称 |
|---|---|---|---|
| 1 | 中国工商银行 | 23 | 重庆银行 |
| 2 | 中国农业银行 | 24 | 宁波银行 |
| 3 | 中国银行 | 25 | 富滇银行 |
| 4 | 中国建设银行 | 26 | 哈尔滨银行 |
| 5 | 交通银行 | 27 | 太原市商业银行 |
| 6 | 招商银行 | 28 | 贵阳市商业银行 |
| 7 | 中信银行 | 29 | 西安市商业银行 |
| 8 | 中国光大银行 | 30 | 福州市商业银行 |
| 9 | 兴业银行 | 31 | 淄博市商业银行 |
| 10 | 中国民生银行 | 32 | 济南市商业银行 |
| 11 | 华夏银行 | 33 | 乌鲁木齐市商业银行 |
| 12 | 上海浦东发展银行 | 34 | 东莞银行 |
| 13 | 深圳发展银行 | 35 | 成都银行 |
| 14 | 广东发展银行 | 36 | 深圳平安银行 |
| 15 | 恒丰银行 | 37 | 包商银行 |
| 16 | 北京银行 | 38 | 长沙银行 |
| 17 | 上海银行 | 39 | 石家庄市商业银行 |
| 18 | 南京银行 | 40 | 厦门市商业银行 |
| 19 | 天津银行 | 41 | 无锡市商业银行 |
| 20 | 杭州银行 | 42 | 青岛银行 |
| 21 | 汉口银行 | 43 | 上海市农村商业银行 |
| 22 | 大连银行 | 44 | 常熟市农村商业银行 |

数据来源：中国银行间市场交易商协会。

## 表15 银行间债券市场做市商机构名单

| | |
|---|---|
| 中国工商银行 | 北京银行 |
| 中国农业银行 | 上海银行 |
| 中国银行 | 南京银行 |
| 中国建设银行 | 杭州银行 |
| 招商银行 | 汉口银行 |
| 中信银行 | 中信证券 |
| 中国光大银行 | 国泰君安证券 |
| 兴业银行 | 摩根大通银行（中国）有限公司 |
| 中国民生银行 | 国家开发银行 |
| 恒丰银行 | 交通银行 |

资料来源：中国人民银行。

## 表16 债券市场柜台交易试点银行名单

| | |
|---|---|
| 中国工商银行 | 招商银行 |
| 中国农业银行 | 民生银行 |
| 中国银行 | 北京银行 |
| 中国建设银行 | 南京银行 |

资料来源：中国人民银行。

## 表17 2008年记账式国债柜台交易情况表

单位：万元

| 债券代码 | 交易面额 | 债券代码 | 交易面额 |
|---|---|---|---|
| 070014 | 1 836.08 | 080025 | 2 339.56 |
| 070020 | 1 092.92 | 0700005 | 881.13 |
| 040007 | 34 149.86 | 070004 | 1 326.90 |
| 040010 | 22 866.83 | 020006 | 6 213.50 |
| 060006 | 5 869.68 | 050005 | 3 603.38 |
| 050013 | 10 843.47 | 070010 | 8 044.95 |
| 070018 | 6 429.78 | 030011 | 4 289.22 |
| 030007 | 7 280.34 | 060020 | 3 559.13 |
| 060013 | 1 532.61 | 0700006 | 8 905.83 |
| 0700004 | 7 751.90 | 070009 | 1 233.07 |
| 080004 | 25 263.16 | 080001 | 4 860.22 |
| 080007 | 4 513.95 | 070007 | 1 875.14 |
| 070003 | 5 041.93 | 080022 | 4 368.54 |
| 070016 | 2 896.38 | 070011 | 1 127.01 |
| 0700008 | 2 733.11 | 080003 | 11 360.60 |
| 050009 | 1 687.03 | 080016 | 2 592.63 |
| 070001 | 1 473.17 | 040004 | 32 396.54 |
| 030001 | 1 296.18 | 070002 | 1 467.86 |
| 080009 | 3 203.33 | 060001 | 15 591.21 |
| 080019 | 1 351.96 | 0700002 | 8 436.75 |
| 080018 | 1 781.67 | 0700003 | 4 300.31 |
| 080011 | 3 323.04 | 080014 | 2 965.54 |
| 080010 | 8 418.62 | 020015 | 9 805.45 |
| 080024 | 131.89 | 合计 | 304 313.36 |

数据来源：中央国债登记结算有限责任公司。

## 表18 2008年度公开市场业务一级交易商名单

| | |
|---|---|
| 中国工商银行 | 中国农业银行 |
| 中国银行 | 中国建设银行 |
| 交通银行 | 中信银行 |
| 中国光大银行 | 招商银行 |
| 上海浦东发展银行 | 兴业银行 |
| 深圳发展银行 | 中国民生银行 |
| 广东发展银行 | 华夏银行 |
| 哈尔滨银行 | 上海银行 |
| 深圳平安银行 | 北京银行 |
| 天津银行 | 南京银行 |
| 洛阳市商业银行 | 广州市商业银行 |
| 徽商银行 | 淄博市商业银行 |
| 贵阳市商业银行 | 武汉市商业银行 |
| 大连银行 | 厦门市商业银行 |
| 福州市商业银行 | 富滇银行 |
| 杭州市商业银行 | 西安市商业银行 |
| 乌鲁木齐市商业银行 | 长沙市商业银行 |
| 石家庄市商业银行 | 济南市商业银行 |
| 上海农村商业银行 | 北京农村商业银行 |
| 汇丰银行（中国）有限公司 | 中信证券股份有限公司 |
| 中银国际证券有限责任公司 | 国泰君安证券股份有限公司 |
| 中国国际金融有限公司 | 中国平安人寿保险股份有限公司 |
| 中国人寿保险股份有限公司 | 华泰财产保险股份有限公司 |
| 泰康人寿保险股份有限公司 | 南方基金管理有限公司 |
| 招商基金管理有限公司 | 中国邮政储蓄银行 |
| 渣打银行（中国）有限公司 | 长江证券股份有限公司 |

资料来源：中国人民银行。

## 表19 1997~2008年股票市场统计表

| 年份 | 上市公司数(家) | 上市总股本(亿股) | 市价总值(亿元) | 流通市值(亿元) | 历年股票发行额(亿元) | 成交金额(亿元) | 平均换手率(%) | | 平均市盈率 | | 投资者账户(万户) |
|---|---|---|---|---|---|---|---|---|---|---|---|
| | | | | | | | 上海 | 深圳 | 上海 | 深圳 | |
| 1997 | 745 | 1 942.7 | 17 529.2 | 5 204.4 | 933.8 | 30 721.8 | 701.8 | 817.4 | 39.9 | 39.9 | 3 480.3 |
| 1998 | 851 | 2 526.8 | 19 505.6 | 5 745.6 | 803.6 | 23 527.3 | 453.6 | 406.6 | 34.4 | 30.6 | 4 259.9 |
| 1999 | 949 | 3 089.0 | 26 471.2 | 8 214.0 | 897.4 | 31 319.6 | 471.5 | 424.5 | 38.1 | 36.3 | 4 810.6 |
| 2000 | 1 088 | 3 791.7 | 48 090.9 | 16 087.5 | 1 541.0 | 60 826.6 | 492.9 | 509.1 | 58.2 | 56.0 | 6 123.2 |
| 2001 | 1 160 | 5 218.0 | 43 522.2 | 15 228.8 | 1 181.6 | 38 305.2 | 269.3 | 227.9 | 37.7 | 39.8 | 6 898.7 |
| 2002 | 1 224 | 5 875.5 | 38 329.1 | 12 484.6 | 779.6 | 27 990.5 | 214.0 | 198.8 | 34.4 | 37.0 | 6 841.8 |
| 2003 | 1 287 | 6 428.5 | 42 457.7 | 13 178.5 | 823.1 | 32 115.3 | 250.8 | 214.2 | 36.5 | 36.2 | 6 981.2 |
| 2004 | 1 377 | 7 149.4 | 37 055.6 | 11 688.6 | 1 504.0 | 42 333.9 | 288.7 | 288.3 | 24.2 | 24.6 | 7 215.7 |
| 2005 | 1 381 | 7 629.5 | 32 430.3 | 10 630.5 | 338.1 | 31 663.1 | 274.4 | 320.6 | 16.3 | 16.4 | 7 336.1 |
| 2006 | 1 434 | 14 897.6 | 89 403.9 | 25 003.6 | 2 463.7 | 90 468.7 | 555.7 | 671.3 | 33.4 | 33.6 | 7 854.0 |
| 2007 | 1 550 | 22 416.9 | 327 140.9 | 93 064.4 | 7 722.99 | 460 556.2 | 936.4 | 1 062.1 | 59.2 | 72.1 | 9 280.6 |
| 2008 | 1 625 | 24 522.85 | 121 366.44 | 45 213.9 | 3 336.41 | 267 113 | — | — | 14.85 | 17.13 | 10 449.7 |

注：1.股票发行额中不包含H股的筹资额。

2.投资者账户数为年末有效账户数（年末有效账户数=年末股票账户数-年末休眠账户数）

数据来源：中国证监会、上海证券交易所、深圳证券交易所。

## 表20 1997~2008年股票市场成交量和股票指数变化情况表

单位：亿元

| 年份 | | 1997 | 1998 | 1999 | 2000 | 2001 | 2002 | 2003 | 2004 | 2005 | 2006 | 2007 | 2008 |
|---|---|---|---|---|---|---|---|---|---|---|---|---|---|
| 成交金额 | | 30 721.83 | 23 527.31 | 31 319.60 | 60 826.64 | 38 305.18 | 27 990.45 | 32 115.27 | 42 333.94 | 31 663.14 | 90 468.66 | 460 556.22 | 267 113 |
| 日均成交 | | 126.42 | 97.10 | 131.04 | 254.50 | 159.60 | 118.10 | 133.25 | 174.21 | 130.84 | 375.39 | 1 903.12 | 1 085.82 |
| 上证指数 | 开盘 | 914.06 | 1 200.95 | 1 144.89 | 1 368.69 | 2 077.08 | 1 643.49 | 1 347.43 | 1 492.72 | 1 260.78 | 1 163.88 | 2 728.19 | 5 265 |
| | 最高 | 1 510.18 | 1 422.98 | 1 756.18 | 2 125.72 | 2 245.00 | 1 748.89 | 1 649.60 | 1 783.01 | 1 328.53 | 2 698.90 | 6 092.06 | 5 497.9 |
| | 最低 | 870.18 | 1 043.02 | 1 047.83 | 1 361.21 | 1 515.00 | 1 339.20 | 1 307.40 | 1 259.43 | 998.23 | 1 161.91 | 2 612.54 | 1 706.7 |
| | 收盘 | 1 194.10 | 1 146.70 | 1 366.58 | 2 073.48 | 1 645.97 | 1 357.65 | 1 497.04 | 1 266.50 | 1 161.06 | 2 675.47 | 5 261.56 | 1 820.81 |
| 深证指数 | 开盘 | 326.33 | 382.85 | 343.29 | 402.71 | 636.62 | 475.14 | 386.61 | 377.93 | 313.81 | 278.99 | 555.26 | 1 450.33 |
| | 最高 | 517.91 | 441.04 | 525.14 | 654.37 | 664.85 | 512.38 | 449.42 | 470.55 | 333.27 | 710.14 | 1 567.74 | 1 584.39 |
| | 最低 | 305.81 | 317.10 | 310.65 | 414.69 | 439.36 | 371.79 | 350.74 | 315.17 | 237.18 | 278.99 | 547.89 | 452.33 |
| | 收盘 | 381.29 | 343.85 | 402.18 | 635.73 | 475.94 | 388.76 | 378.63 | 315.81 | 278.75 | 706.01 | 1 447.02 | 553.08 |

数据来源：中国证监会、上海证券交易所、深圳证券交易所。

## 表21 银行间即期外汇市场人民币交易23家做市商名单

| | |
|---|---|
| 中国工商银行 | 宁波银行 |
| 中国农业银行 | 上海浦东发展银行 |
| 中国银行 | 汇丰银行（中国）有限公司 |
| 中国建设银行 | 加拿大蒙特利尔银行有限公司广州分行 |
| 交通银行 | 花旗银行（中国）有限公司 |
| 中信银行 | 英国渣打银行有限责任公司上海分行 |
| 招商银行 | 荷兰银行（中国）有限公司 |
| 中国光大银行 | 法国东方汇理银行上海分行 |
| 华夏银行 | 日本三井住友银行股份有限公司上海分行 |
| 兴业银行 | 德意志银行（中国）有限公司 |
| 中国民生银行 | 三菱东京日联银行（中国）有限公司 |
| 国家开发银行 | |

注：名单截至2009年2月24日。
资料来源：中国外汇交易中心。

## 表22 1994~2008年外汇市场与外汇储备情况表

单位：亿美元、元人民币

| 年份 | 外汇储备余额 | 外汇交易成交量 | 100美元兑人民币中间价 | 100欧元兑人民币中间价 | 100日元兑人民币中间价 | 100港元兑人民币中间价 | 100英镑兑人民币中间价 |
|---|---|---|---|---|---|---|---|
| 1994 | 516.20 | 400.59 | 844.91 | — | 7.7800 | 112.660 | — |
| 1995 | 735.97 | 646.73 | 831.79 | — | 8.0703 | 107.600 | — |
| 1996 | 1 050.49 | 627.75 | 829.92 | — | 7.1613 | 107.190 | — |
| 1997 | 1 398.90 | 697.15 | 827.98 | — | 6.3627 | 106.810 | — |
| 1998 | 1 449.59 | 520.11 | 827.87 | — | 7.1719 | 106.780 | — |
| 1999 | 1 546.75 | 314.64 | 827.93 | — | 8.0933 | 106.510 | — |
| 2000 | 1 655.74 | 421.97 | 827.81 | — | 7.2422 | 106.060 | — |
| 2001 | 2 121.65 | 750.33 | 827.66 | — | 6.3005 | 106.060 | — |
| 2002 | 2 864.07 | 971.90 | 827.73 | 863.60 | 6.9035 | 106.110 | — |
| 2003 | 4 032.51 | 1 511.31 | 827.69 | 1 033.83 | 7.7263 | 106.570 | — |
| 2004 | 6 099.32 | 2 090.41 | 827.65 | 1 126.27 | 7.9701 | 106.370 | — |
| 2005 | 8 188.72 | — | 807.02 | 957.97 | 6.8716 | 104.030 | — |
| 2006 | 10 663.44 | — | 780.87 | 1 026.65 | 6.5630 | 100.467 | 1 532.32 |
| 2007 | 15 282.49 | — | 730.46 | 1 066.69 | 6.4064 | 93.638 | 1 458.07 |
| 2008 | 19 460.30 | — | 683.46 | 965.90 | 7.5650 | 88.189 | 987.98 |

注：外币兑人民币中间价取当年最后一个交易日的中间价。
数据来源：中国人民银行、国家外汇管理局。

## 表23 1993~2008年期货市场成交情况表

单位：亿元、万手

| 年份 | 成交额 | 成交量 |
|---|---|---|
| 1993 | 5 521.99 | 890.69 |
| 1994 | 31 601.41 | 12 110.72 |
| 1995 | 100 565.30 | 63 612.07 |
| 1996 | 84 119.16 | 34 256.77 |
| 1997 | 61 170.66 | 15 876.32 |
| 1998 | 36 967.24 | 10 445.57 |
| 1999 | 22 343.01 | 7 363.91 |
| 2000 | 16 082.29 | 5 461.07 |
| 2001 | 30 144.98 | 12 046.35 |
| 2002 | 39 490.16 | 13 943.26 |
| 2003 | 108 389.03 | 27 986.42 |
| 2004 | 146 935.31 | 30 569.76 |
| 2005 | 134 448.38 | 32 284.75 |
| 2006 | 210 046.34 | 44 947.41 |
| 2007 | 409 722.43 | 72 842.68 |
| 2008 | 719 141.94 | 136 388.71 |

数据来源：中国期货业协会。

## 表24 2003~2008年黄金市场成交情况表

单位：亿元、吨

| 年份 | 成交额 | 成交量 |
|---|---|---|
| 2003 | 459.2 | 470.7 |
| 2004 | 731.0 | 665.3 |
| 2005 | 1 069.8 | 906.4 |
| 2006 | 1 947.5 | 1 249.6 |
| 2007 | 3 164.9 | 1 828.1 |
| 2008 | 8 683.87 | 4 457.62 |

数据来源：上海黄金交易所。

上架类别○金融市场
ISBN 978-7-5049-5043-7
9 787504 950437 >



定价：98.00元